공동관람구역

영화로 통일을 읽다

공동관람구역
영화로 통일을 읽다

초판 1쇄 인쇄 2014년 2월 20일
초판 3쇄 발행 2014년 5월 15일

지은이 전병길
대 표 김영재·정대진
발행인 이세경
편집장 양인모
교 정 이현선
마케팅 현석호
발행처 책마루
주 소 서울 금천구 벚꽃로 18길 36(독산동 1002) 진도1차 806호(본사)
　　　 서울 강남구 봉은사로 129-1(논현동 751빌딩) 802-8호(편집실)
전 화 02-445-9513
팩 스 02-445-4513
이메일 book@bookmaru.org
웹 www.bookmaru.org
트위터 @bookmaru9513
디자인 캠프커뮤니케이션즈

ISBN 978-89-98553-04-3　03340

이 도서의 국립중앙도서관 출판시도서목록(CIP)은 서지정보유통지원시스템 홈페이지(http://seoji.nl.go.kr)와
국가자료공동목록시스템(http://www.nl.go.kr/kolisnet)에서 이용하실 수 있습니다.(CIP제어번호: CIP2014004926)

공동관람구역

영화로 통일을 읽다

전병길 지음

통일을 상상했던 나만의 시네마 천국

영화가 세상의 전부인 소년 토토와 시골 마을 극장의 영사기사 알프레
도의 애틋한 우정을 그린 이탈리아 영화 〈시네마 천국〉1988은 감동적
인 걸작이다. 방과 후 마을에 있는 극장에 수시로 드나들며 영화에 푹
빠져 사는 토토는 어머니, 여동생과 살고 있는 남자아이다. 극장의 영
사기사인 알프레도가 일하는 영사실에 들어가 버려진 필름을 모으고,
어깨너머로 영사 기술을 배우기도 하며 행복을 느낀다. 토토는 그저
영화가 좋고 알프레도 아저씨가 좋을 뿐이다. 어릴 적 영화를 통해 형
성된 토토의 감성은 훗날 그를 훌륭한 영화감독으로 만든다. 영화 〈시
네마 천국〉은 화려하지 않다. 영상미가 돋보이는 것도 아니고 잘생긴
남자 배우도, 기막히게 예쁜 여배우도 나오지 않는다. 하지만 사람의
감성을 자극하며 오랫동안 기억에 남는 영화다. 〈시네마 천국〉에 감동
하는 이들이라면 한 번쯤은 영화 속 스토리와 같은 삶을 꿈꾸곤 한다.

하지만 이제 우리 삶 속에서 시네마 천국에 나오는 낡은 극장과 영사기는 찾아보기가 힘들다. 쾌적한 멀티플렉스와 디지털스크린 그리고 통통 튀는 팝콘만이 영화관의 이미지를 대변하고 있다.

30대 이상의 세대들은 규격화된 멀티플렉스와 달리 허름한 동네 극장을 나들이 삼아 다닌 추억을 갖고 있다. 나 역시 강원도 춘천에 살며 지금은 없어진 육림극장, 소양극장, 문화극장 등에서 영화를 보고 미지의 세계에 대한 꿈을 키웠다. 어렴풋이 남아 있는 1970년대 후반의 기억부터 오늘까지 가장 기억에 남았던 소재 중 하나는 분단과 통일에 관련한 영화들이다. 반공 만화영화 〈똘이장군〉1979, 〈해돌이〉1982를 그곳에서 봤고, 초등학교 땐 〈아벤고 공수군단〉1982과 같은 반공 유격대 영화를 단체 관람하기도 했다. 고등학교 시절엔 〈남부군〉1990을 관람하며 일종의 문화 충격을 받기도 했다. 이어 성인이 되어서는 〈태백산맥〉1994, 〈쉬리〉1999, 〈태극기 휘날리며〉2004 등을 봤다. 지방도시의 허름한 극장이었지만 분명 나에게는 추억이 담겨 있는 시네마 천국이었

다. 그렇게 동네 극장에서 영화를 보며 세상에 대한 꿈과 통일의 상상
력을 키우고 나름의 가치관을 만들 수 있었다. 2005년 춘천에 멀티플
렉스 영화관이 생기고 마지막 남은 동네극장인 육림극장이 폐관할 무
렵, 어릴 적 감성을 키워 온 공간이 사라진다는 아쉬움에 잠시 눈시울
이 붉어지기도 했다. 그곳에서 보았던 많은 영화와 함께했던 사람들을
생각하며 말이다.

분단과 함께 만들어진 반공영화

의도하든 그렇지 않든 한국에 살아가고 있는 이들에게 분단의 문제는
현실의 문제이다. 현실 문제이다 보니 그 속에 다양한 이야기들이 있
고 그 이야기들은 영화로도 제작되었다. 우리나라에 '분단영화'라는 독
특한 장르의 영화가 시작된 것은 1940년대 후반부터다. 1945년 해방
이 되고 곧이어 분단되면서 정부의 적극적인 지원 아래 많은 분단영화
가 제작되었다. 이때 만들어진 영화는 대부분 선전영화로 반공의 색채
를 강하게 띠고 있었다. 최초의 분단영화는 6.25 한국전쟁이 발발하기
1년 전에 만들어진 한형모 감독의 〈성벽을 뚫고〉1949이다. 이 영화는
해방 이후 좌우가 극한 대립을 이루고 있던 시기에 서로 다른 길을 택
한 처남, 매부가 총부리를 겨누는 상황을 보여 주며 앞으로 닥칠 전쟁
의 비극을 예견하고 있다.

1950~60년대에는 반공을 기반으로 한 분단영화의 전성기 시절
이었다. 패전한 빨치산의 이야기를 다룬 이강천 감독의 〈피아골〉1955
은 1950년대 분단영화를 대표한다. 1960년대 수많은 분단영화가 제

작됐지만 그중 한국전쟁 직후 한 가정의 비극을 그린 유현목의 〈오발탄〉1961, 북한 인민군을 인간적으로 묘사해 문제가 되었던 이만희의 〈7인의 여포로〉1965, 군인의 의리와 인간애를 강조한 이만희의 〈돌아오지 않는 해병〉1963, 전쟁 속에서 신과 인간을 주제로 삼은 유현목의 〈순교자〉1965, 분단의 비극을 두 남편과 한 여인이라는 멜로적 요소와 결합시킨 김기덕의 〈남과 북〉1965은 그 시대를 대표하는 분단영화이다. 1950~60년에는 다양한 문화 생활을 할 수 있는 시설이 많지 않아 동네 극장들은 큰 호황을 누렸다. 분단영화는 시대적 분위기와 반공영화에 대한 정부의 적극적인 지원, 그리고 시민들의 거의 유일한 문화 수단이었던 영화가 어우러지면서 만들어진 결과물로 자연스럽게 우리 삶에 한 부분으로 자리 잡아 갔다. 분단영화의 힘이 얼마나 강력했던지 한국 최고의 영화상인 '대종상 영화제'에는 지난 1987년까지 반공 영화 부분이 따로 있을 정도였다.

1970년대에 들어서는 텔레비전 보급이 늘어나는 등 다양한 문화 매체들이 새로 만들어지면서 영화의 인기는 시들해졌고 분단영화 역시 60년대처럼 큰 인기를 누리지 못했다. 아울러 국산 영화가 봇물처럼 밀려오는 미국 할리우드 액션물을 따라가기가 당시로서는 버거웠다. 그런데 한 가지 특이한 점은 미국 영화 수입과 분단영화 사이에는 일종의 인과관계가 형성됐다는 점이다. 당시 정부는 영화법을 개정해 분단영화에 대한 심의를 강화했다. 한편 민족의 주체성 확립과 애국애족의 국민성을 고무 · 진작하는 영화를 우수 영화로 선정했다. 그리고 그 혜택으로 외국 영화 수입권을 주는 제도를 시행했다. 분단이나 정부 시책을 홍보하는 영화를 많이 제작하는 영화사에 외국 영화 수입권을 주는 이 제도에 따라, 외화 수입을 위해 작품성보다는 영화를 위한 영화가 대량으로 만들어지기에 이르렀다. 그리고 그렇게 만들어진 영화 중 상당수가 분단과 반공을 소재로 제작됐다. 이때 영화들은 반공을 강조하는 국책에 따라 남북 간 대결의식을 강조하고 체제의 우월성을 선전하며 북한의 비인간성을 고발하는 작품이 주류를 이루었다. 북한과 북한 사람은 증오와 혐오, 공포, 정복의 대상이었다. 한마디로 1970년대 반공영화는 반공이데올로기를 선전하는 도구에서 벗어나지 못했다. 아울러 1970년대 후반부터 〈로보트 태권V〉 같은 어린이 만화영화가 인기를 끌면서 〈똘이장군〉으로 대표되는 반공 애니메이션이 등장하기도 했다.

변화의 바람이 불다

1980년대 들어 분단영화는 조금씩 변화의 조짐을 보이기 시작했다. 정치적으로는 신군부가 등장해 군사정권이 계속되었지만 사회문화적으로 일명 3S스포츠, 스크린, 섹스 물결이 일어나며 영화 시장에도 영향을 미쳤다. 정부의 반공 정책 아래 다양한 반공영화가 계속 만들어지고 있었지만 이산가족 찾기를 소재로 한 임권택 감독의 〈길소뜸〉1985 같은 새로운 시각으로 분단의 문제를 바라보는 작품도 등장했다.

한국 영화에서 분단 문제에 대해 자유롭게 이야기하기 시작한 것은 1990년 빨치산의 이야기를 다룬 〈남부군〉이 개봉한 이후부터다. 1980년대 후반 우리 사회는 민주화를 이루었고 동유럽 공산권의 붕괴를 목격했다. 때문에 한반도에서도 냉전을 종식시키고자 하는 염원이 가득

했다. 문화예술계에서 이러한 염원은 문학 분야에서 먼저 표출되었고 나름의 상상력이 가미된 소설들이 출판되기에 이른다. 이러한 흐름은 문학에서 영화로 이어지는데 이태의 실록 수기 《남부군》은 정지영 감독의 영화 〈남부군〉으로, 조정래의 소설 《태백산맥》은 임권택 감독의 영화 〈태백산맥〉으로 이어진다. 〈남부군〉과 〈태백산맥〉은 이분법적인 이데올로기 구분에서 자유롭고자 하는 외침이기도 했다.

분단영화가 일대 변화를 겪게 된 것은 강제규 감독의 〈쉬리〉1999였다. 남북 분단 소재를 첩보액션물로 활용한 이 작품은 처음으로 북한 사람을 매력적인 캐릭터로 탄생시켰다. 오도된 이념과 사상의 '꼭두각시'에 불과할지라도 그들이 갖고 있는 확신과 대의에 대한 충성심은 관객들이 감동적으로 받아들이기에 충분했다. 이후 북에 대한 묘사는 이념적인 측면보다는 좀 더 인간적인 면모가 부각됐다. 〈간첩 리철진〉1999은 남파된 간첩이 택시 강도를 당하는 다소 우스꽝스럽고 허점이 많은 인물을 보여 줬고, 아등바등 살아가는 생계형 고정간첩도 등장했다.

박찬욱 감독의 〈공동경비구역 JSA〉2000는 여기에 더해 남북한 사람들이 우연히 모여 우정을 나눈다는 설정으로 대단한 인기를 얻었다. 북한 사람이나 북한 출신 인사를 만난다는 것 자체가 금기시됐던 당시에 총을 든 남북한의 젊은 병사들이 한 곳에 모인다는 설정은 굉장한 파격이었다. 남북의 사람들이 우연히, 기묘하게 한 곳에 모인다는 설정은 이후 분단영화의 한 공식이 되면서 〈웰컴 투 동막골〉2005, 〈만남의 광장〉2007, 〈의형제〉2010까지 이어진다.

〈실미도〉, 〈태극기 휘날리며〉를 거쳐 2005년부터는 탈북자들이 영화의 주인공으로 등장하기 시작했다. 〈태풍〉2005에서는 남북 모두로부터 버림받고 해적이 된 탈북자가, 〈국경의 남쪽〉2006에선 사랑하는 연인을 북에 두고 월남한 청년이, 〈크로싱〉2008에선 가족을 살리기 위해 국경을 넘은 남자가 이야기의 주인공이었다. 1998년 김대중 정부의 햇볕정책 발표에 이은 〈쉬리〉의 흥행이나 1차 남북 정상회담 전후 〈공동경비구역 JSA〉가 일으켰던 붐 등 분단 소재의 영화는 남북한 간 정세 변화나 시류에 영향을 많이 받았다. 또 북한 핵 문제, 식량 부족, 탈북자 문제 등도 분단영화에 반영됐다. 분단 관련 영화는 다양한 소재를 바탕으로 한국 영화의 큰 흐름을 이어 갔다.

2010년 이후에는 그동안 공포의 대명사였던 간첩이 '생계형 간첩' 등으로 재조명되면서 간첩 소재 영화의 새 장을 열기도 했다. 〈은밀하게 위대하게〉2013와 〈간첩〉2012, 〈의형제〉2010, 〈붉은 가족〉2012, 〈동창생〉2013은 모두 간첩을 소재로 하고 있다. 과거의 간첩 영화와 이 영화들이 다른 점은, 간첩을 남한에 적대적이고 무자비한 모습이 아닌 소시민적이고 인간적인 모습으로 다뤘다는 점이다. 시대의 변화를 반영한 것이긴 하지만 꽃미남 배우들이 간첩 연기를 하고, 간첩을 판타지 캐릭터로 묘사하는 등 분단 현실을 너무 간과하는 것이 아니냐는 문제제기도 있다.

이제 영화로 통일을 읽자

그동안 분단영화에 대한 평가는 주로 개별 영화 단위로 이루어졌다. 그리고 시대 순으로 구분하며 소개되기도 했다. 지금껏 제작되었던 분단영화를 시대 상황과 소재별로 정리한 자료들은 거의 없었다. 분단과 통일을 주제로 한 많은 작품이 있었음에도 불구하고 분단의 아픔과 통일의 꿈이라는 큰 흐름에 맞는 주제별 영화 소개는 거의 이뤄지지 않았다. 그래서 이 책에서는 분단영화들을 바탕으로 다양한 담론들을 이야기하고자 한다.

제1장에서는 한국전쟁을 배경으로 한 영화를 소개하고자 한다. 한국전쟁 직전 이념의 갈등에서부터 전쟁의 잔혹함, 민초들의 희생을 담은 영화들이다. 제2장에서는 한국전쟁 이후 전개된 남북 간의 대결에 관한 영화들로 구성되며 제3장에선 남북의 대치라는 극도의 긴장 속에서 '경계'를 넘었던 이야기를 다룬 영화들을 살핀다. 그리고 제4장에선 분단이라는 절망에 굴하지 않고 희망을 찾기 위해 노력했던 이야기를 다룬 영화들을 소개한다. 마지막 맺음말에서는 통일시대를 준비하며 만들어질 영화에 대한 기대감을 그려 보았다.

소개되는 영화들은 대부분 1990년 이후 제작된 영화들이다. 과거의 영화들 중에서도 훌륭한 작품들이 많다. 하지만 주로 정부 지원으로 제작되거나 지나친 반공의식 함양에만 초점을 두고 있어 독자들과 공감하며 미래를 설계하는 데 있어 부적절하다고 판단해 주로 1990년대 이후 작품들로 선정했다. 각 작품을 중심으로 단순히 영화 스토리만을 이야기하는 것이 아니라 영화의 시대적 배경, 그리고 실제 일어난 사건을 바라보며 역사적 맥락을 찾았다. 이러한 영화를 통한 통일 이야기는 딱딱한 이미지로 굳어져 버린 통일 관련 서적의 한계를 보완하고 영상에 익숙한 젊은 세대들에게 공감을 얻는 데 좋은 지식과 정보가 될 것으로 보인다. 또한 영화 속에 담긴 스토리를 통해 분단의 상황들을 이해하고 통일의 상상력을 키울 수 있으리라고 기대한다.

이 책의 제목은 '공동관람구역'이다. 남북 군인들의 이야기를 다룬 영화 〈공동경비구역 JSA〉에서 영감을 얻기도 했지만, 공동관람구역은 혼자가 아닌 다양한 사람들이 함께 영화를 보고 생각을 나누는 감성과 이성의 공간을 의미한다. 여기 공동관람구역에선 남과 북, 보수와 진보, 기성세대와 젊은 세대, 남자와 여자, 부자와 가난한 자, 군인과 민간인 등 대비되는 모두가 관객이 돼 함께 영화를 본다. 이들이 스크린 앞에서 콜라와 팝콘을 나누며 함께 울고 웃는 모습을 상상한다. 무엇보다 공동관람구역은 다양한 삶의 가치들을 공유하는 어울림의 공동체이다.

감사의 마음을 전하며

이 책을 집필하던 중 사랑하는 외할머니 오정숙 권사님께서 소천하셨다. 이 책을 쓰는 동안 외할머니 생각을 가장 많이 했다. 1925년생인 외할머니는 가난한 농촌에 태어나 일제의 수탈을 겪었고 제2차 세계대전 당시 남편을 징용으로 떠나보내야 했다. 한국전쟁 피란길에는 두 자녀를 병으로 잃었고, 남편은 다시 전쟁터로 떠났다. 전쟁 이후에는 다른 어머니들처럼 억척 살림꾼이 되어 집안을 일으키셨다. 슬하에 6남매가 다 성장하고 편안한 노후를 보낼 무렵 젊어서 혹사했던 몸 곳곳에 이상이 오기 시작했고 오랫동안 육체의 고통과 싸우다 결국 하나님 품으로 가셨다. 외할머니가 계셨기에 오늘날 저자가 있었고 그러한 어머니, 할머니들의 헌신이 있었기에 오늘날의 우리가 존재하는 것이다. 우리의 오늘을 위해 희생해 오신 모든 분들을 위해 이 책을 바친다.

이 책이 나오기까지 정말 감사를 드려야 할 분들이 많다. 이 책의 내용 중 상당 부분은 지난 2012년 3월~2013년 10월까지 월간 〈통일코리아〉에 연재한 것들이다. 기존에 없던 새로운 콘셉트의 글을 쓰는 데에는 오성훈 목사님의 격려와 후원이 컸다. 그리고 그동안 배움의 성장기를 거치며 좋은 가르침을 주셨던 고려대 이장로 교수님, 물댄동산교회 조요셉 목사님, 통일연구원 허문영 박사님, 서강대 김영수 교수님께도 감사드린다. 이분들은 지식뿐 아니라 삶의 중요한 시기마다 방향성을 제시해 주시고 용기를 주셨다. 또한 비전의 동역자인 한국리더십학교 동문들과 통일정책연구회의 회원들 그리고 저자의 출판 제안을 흔쾌히 수락해 준 책마루의 정대진 대표님에게도 감사의 말을 전한다.

2014년 2월, 봄의 문턱에서
늘 감사하는 마음으로
전병길

들어가며 004
통일을 상상했던 나만의 시네마천국

1 / 응어리진 상처, 한국전쟁

1950년 두 형제 이야기 〈태극기 휘날리며〉 020

세월은 흘러도 남아 있는 역사 〈지슬-끝나지 않은 세월2〉 028

스크린에서 다시 태어난 빨치산 문학 〈태백산맥〉, 〈남부군〉 036

학도병, 그들은 군인인가? 군인이 아닌가? 〈포화 속으로〉 048

숨겨졌던 노근리 주민들의 비극 〈작은 연못〉 056

상처받은 약자, 상처받은 공동체 〈은마는 오지 않는다〉 062

한 치의 땅이라도 더 얻기 위한 치열한 몸부림 〈고지전〉 068

최후의 증인 〈흑수선〉 076

2 / 끝나지 않은
전쟁

이름도 존재도 없었던 그들의 절규 〈실미도〉   084

멜로와 액션 사이 〈쉬리〉   092

의심과 의리 사이 〈의형제〉   100

두 개의 조국, 두 개의 신분 〈이중간첩〉   108

슈퍼돼지 가지러 왔수다 〈간첩 리철진〉   116

0.75평 안의 자유 〈선택〉   122

음모 속에 가려진 그들의 운명 〈베를린〉   128

버림받은 자의 분노 〈태풍〉   136

3 / 경계를 넘다

여덟 발의 총성, 그곳의 진실 〈공동경비구역 JSA〉   146

살기 위해 헤어지다 〈크로싱〉   154

사랑하는 여인을 남겨 두고 국경을 넘은 한 남자 이야기 〈국경의 남쪽〉   162

서울에서 평양까지 3시간 〈풍산개〉   170

신기루와 같은 남과 북의 사랑 이야기 〈인샬라〉   176

축구로 뭉친 그들만의 리그 〈꿈은 이루어진다〉   184

사랑으로 장벽을 뚫어 버린 세기의 로맨스 〈남남북녀〉   192

땅속에서 이루어진 마을 사람들의 속삭임 〈만남의 광장〉   200

4 / 절망 속에서
희망을 노래하다

옥수수가 팝콘이 되는 상상력 〈웰컴 투 동막골〉 210

남북한 군대의 이순신 장군 만들기 프로젝트 〈천군〉 216

전쟁을 겪은 소년은 더 이상 소년이 아니다 〈소년은 울지 않는다〉 224

지상 최대의 통일 자작극 〈간 큰 가족〉 232

농촌 총각과 탈북 여성의 순정 판타지 〈나의 결혼 원정기〉 240

핏줄에 대한 그리움 그리고 현실 〈길소뜸〉 248

가장 어두운 곳에서 피어난 희망 〈신이 보낸 사람〉 256

사상 최초 남북 단일팀 〈코리아〉 264

남북이 통일을 약속한 이후 벌어진 국권 침탈의 위기 〈한반도〉 274

마치며 280
한 편의 노래처럼, 한 편의 영화처럼

1

1950년 두 형제 이야기 〈태극기 휘날리며〉

세월은 흘러도 남아 있는 역사 〈지슬—끝나지 않은 세월2〉

스크린에서 다시 태어난 빨치산 문학 〈태백산맥〉, 〈남부군〉

학도병, 그들은 군인인가? 군인이 아닌가? 〈포화 속으로〉

숨겨졌던 노근리 주민들의 비극 〈작은 연못〉

상처받은 약자, 상처받은 공동체 〈은마는 오지 않는다〉

한 치의 땅이라도 더 얻기 위한 치열한 몸부림 〈고지전〉

최후의 증인 〈흑수선〉

응어리진
상처,
한국전쟁

1950년 두 형제 이야기
〈태극기 휘날리며〉

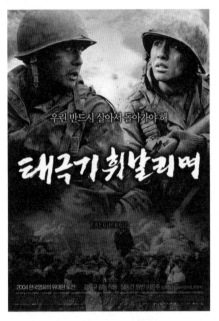

TaeGukGi : Brotherhood Of War
2004년 | 한국 | 감독 강제규 | 각본 강제규, 한지훈, 김상돈 | 프로듀서 이성훈
출연 장동건, 원빈, 이은주 | 제작 강제규필름 | 배급 쇼박스

20세기 우리가 겪었던 회한의 일들을 고스란히 담고 있는 영화 〈태극기 휘날리며〉. 이 영화는 두 형제의 밝고 활기찬 표정으로 시작한다. 서울 종로에서 가족의 생계를 위해 구두닦이를 하는 이진태와 그가 아끼는 동생 이진석. 그리고 진태의 약혼녀 김영신. 힘들고 어려웠던 시절 이들은 가족이라는 이름으로 서로를 보듬어 주고 미래를 꿈꾸며 나간다. 하지만 6.25 한국전쟁의 총성은 그 일상에 균열을 낸다. 전쟁, 분단, 이념, 형제애, 갈등, 헤어짐, 그리움. 〈태극기 휘날리며〉는 한국전쟁, 분단이라는 거대한 물결과 그 수면 아래 있던 가족의 비극을 그린다.

팝페라 듀엣 휴HUE:가 영화 〈태극기 휘날리며〉 OSToriginal sound track 에필로그 연주곡에 가사를 입힌 노래 'Memorize'는 분단 현실에 살고 있는 우리나라, 우리 민족의 회한과 소망을 담고 있다.

> 기억하나요 그 깊은 슬픔을
> 기억하나요 갈라진 대지에
> 당당히 흘러넘치던
> 우리의 사랑과 우리의 염원이
> 거룩한 기도의 강물이 되어
> 하나된 숨결과 하나된 믿음이
> 이 땅 위에 가득히 넘쳐나는 그날을
>
> — 휴HUE:, 'Memorize'

〈태극기 휘날리며〉의 배경음악은 영화가 개봉된 지 10여 년이 지난 지금도 주변에서 자주 들을 수 있다. 카페, 레스토랑 등에서 심심치 않게 들을 수 있으며 군인 관련 행사에도 자주 등장한다. 특히 지난 2010년 천안함 침몰 사건 당시 선체와 장병들의 유해를 인양할 때 방송사들은 이를 중계하며 배경음악으로 〈태극기 휘날리며〉의 음악을 사용하기도 했다. 영화가 개봉한 지 10년 이상의 시간이 흘렀음에도 〈태극기 휘날리며〉 음악은 왜 사람들에게 여전히 기억되고 있는 것일까? 그것은 아마도 그 음악 속에 담겨 있는 영화의 스토리와 정서가 한국인의 그 무엇인가를 자극하고 움켜쥐고 있기 때문일 것이다. 영화에는 분단, 전쟁, 이념, 형제애, 갈등, 헤어짐, 그리움 등 1945년 이후 우리가 겪었던 회한의 일들이 고스란히 담겨 있다. 〈태극기 휘날리며〉는 영화를 뛰어넘는 그 무엇을 우리에게 주었다.

한 백발의 할머니와 영화 〈태극기 휘날리며〉

다큐멘터리의 한 장면이 영화 〈태극기 휘날리며〉의 오늘을 있게 했다. 강제규 감독은 2001년 한국전쟁 전사자 유해 발굴에 관한 다큐멘터리를 시청했을 때 어느 한 장면에 깊은 인상을 받았다고 한다. 그 장면은 50년 만에 찾은 남편의 유해 앞에서 흐느끼던 백발 할머니의 모습이었다. 강제규 감독은 이 장면을 모티브로 한국전쟁을 다룬 영화 제작을 결심했고, 한국영화 1,000만 관객 신화를 만든 〈태극기 휘날리며〉는 그렇게 탄생했다.

영화는 두 형제의 밝은 표정으로 시작한다. 서울 종로에서 가족의 생계를 위해 구두닦이를 하는 이진태장동건와 그가 아끼는 동생 이진석원빈, 진태의 약혼녀 김영신이은주과 가족들은 어려운 가운데서도 밝고 활기찬 생활을 해 나간다. 전쟁 발발 하루 전날 이들은 함께 냇가에서 물장난을 치며 가족의 정을 나눈다. 다음 날, 진태와 영신의 가족들은 피난 행렬을 따라 대구까지 내려간다. 대구 역사에서 만 18세의 진석이 강제로 징집되어 군용열차에 오르자, 진태는 동생을 구하기 위해 군용열차에 오르지만 진태 역시 징집되고 만다. 두 형제는 징집과 동시에 낙동강방어선전투에 투입된다.

진태는 무공훈장을 받으면 동생을 제대시킬 수 있다는 대대장의 말을 듣고 오로지 동생을 위해 전쟁 영웅의 길로 들어선다. 그러나 갈수록

ⓒ 〈태극기 휘날리며〉, 2004

전쟁의 광기에 휘말리는 진태와 그런 형의 모습을 바라보는 진석 사이에 갈등과 증오가 싹트기 시작한다. 이후 진태의 약혼녀 영신이 공산당에 협조했다는 누명으로 국군에게 죽임을 당하고, 진석 역시 국군에게 죽임을 당한 것으로 오해한 진태는 인민군 부대장이 되어 국군의 적이된다. 뒤늦게 자신과 가족들을 위해 형이 인민군이 되었다는 사실을 안진석은 제대를 하루 앞둔 날, 형을 구하기 위해 전선으로 나간다.

냉전과 열전 사이

영화 〈태극기 휘날리며〉의 배경이 되는 6.25 한국전쟁이 발발하기 5

ⓒ 〈태극기 휘날리며〉, 2004

년 전인 1945년, 2차 세계대전 이후 세계 질서의 재편 과정에서 미국을 중심으로 한 자유진영과 소련을 위시한 공산진영은 곳곳에서 파열음을 내기 시작했다. 당시 우리 국민들은 분단에 대한 걱정보다는 일본이 패망한 후 독립된 새로운 나라가 세워진다는 기대감에 부풀어 있었다. 좌익과 우익으로 나뉘는 것이 큰 문제가 되는 줄 몰랐던 것이다. 그리고 미국과 소련은 한민족이 주체가 된 새로운 정부가 수립되기 전 잠시 이 땅에 주둔하며 일본의 잔재를 청산해 주는 고마운 나라 정도로만 생각했을지도 모른다.

하지만 미국과 소련의 이해관계가 달랐고 좌익과 우익, 친일파와 독립운동가들의 생각은 달랐다. 순진한 국민들은 좌익과 우익 사이 노선을 확실히 할 것을 요구받았으며, 이전에는 듣지도 보지도 못한 선동

적인 정치문구를 접하기 시작했다. 좌우익의 대립이 극해지자 곳곳에
서 테러와 파업, 동맹휴업, 군인들의 반란이 일어났다. 북한에서는 인
민이 주인이 되는 '인민공화국'을 세운다는 목적으로 지주의 땅과 재
산을 몰수했고, 많은 기독교인이 신앙의 자유를 찾아 남쪽으로 내려왔
다. 1948년 남과 북에 각각 독자적인 정부가 수립된 이후 양측의 갈등
의 골은 더 깊어만 갔다. 북한의 김일성은 전쟁을 수행할 '인민군'을 창
설하고 탱크와 같은 무기를 소련으로부터 지원받아 군사력을 강화했
다. 그리고 1950년 6월 25일 북한의 남침으로 전쟁이 발발했다.

전쟁의 아픔

전쟁이 발발했을 때 대부분의 남한 사람들은 38선 부근에서의 작은 교
전쯤으로 생각했다. 전쟁 초반 절대적인 열세에 놓였던 남한은 고전을
면치 못하고 후퇴에 후퇴를 거듭했다. 북한군은 3일 만에 서울을 함락
하고 3개월 만에 경상도 일부를 제외한 전 국토를 점령하였다. 이후 유
엔군과 한국군이 합동으로 실시한 인천상륙작전을 계기로 전세가 역
전되었다. 한국군과 유엔군은 서울을 탈환하고 북진을 계속하여 압록
강까지 도달했고, 통일이 곧 달성될 것처럼 보였다. 그러나 10월 하순
경부터 뜻하지 않은 중공군의 개입으로 전선은 다시 38선 부근으로 내
려와 교착 상태에 빠졌다. 그리고 2년여간의 휴전회담 끝에 1953년 7
월 27일 휴전이 되었다.

한국전쟁이 발발한 지 오랜 시간이 지났지만 아직도 전쟁의 아픔은
곳곳에 남아 있다. 통일되지 못하고 갈라진 국토, 가족과 뜻하지 않게

헤어진 이산가족들, 세계 최대의 화력과 병력이 밀집되어 있는 휴전선 155마일, 그리고 한반도를 둘러싸고 여전히 미묘한 갈등이 상존하는 국제질서, 3면의 바다와 북쪽의 철책으로 가로막혀 섬 아닌 섬이 되어 버린 대한민국의 생각과 공간적인 제약. 이 모든 것이 한국전쟁의 결과물들이다. 한국전쟁은 우리에게 직접적인 인적, 물적 피해도 주었지만, 정신적으로 상대에 대한 깊은 불신과 적대감을 가지게 만들었다. 이러한 심리적 변화는 분단을 고착화했고 오늘날까지 이어져 오고 있다. 보이는 한국전쟁은 멈추었지만, 보이지 않는 한국전쟁은 아직도 곳곳에서 현재 진행형으로 일어나고 있다.

두 형제가 만난 두밀령

영화 〈태극기 휘날리며〉에서 이진석, 이진태 두 형제가 마지막으로 함께 했던 장소는 '두밀령'이다. 두밀령은 남과 북에는 격전의 장이었지만 형제에게는 화해와 다음의 만남을 기약하는 장소였다. 〈태극기 휘날리며〉가 관객 600만 명을 넘어설 무렵 인터넷을 중심으로 두밀령에 기념비를 세우자는 서명운동이 일어나기도 했다. 두밀령. 정확히 말하자면 최전방인 강원도 양구군 해안면에 있는 능선이다. 휴전선에 인접해 있고 한국전쟁 당시 치열한 전투가 벌어졌던 '펀치볼해안분지 고지', '피의 능선'으로 잘 알려진 곳이다. 사실 두밀령에는 전쟁은 있었지만 이진태와 이진석은 없었다. 그건 단지 영화 속 가상의 스토리였을 뿐이다.

하지만 전쟁을 겪어 보지 않았던 세대들에게 영화 속 두밀령 이야기는 남북 분단과 전쟁의 고통을 간접적으로 느낄 수 있게 해 준 공간으로 다시 창조되었다. 일방적인 정보 전달 위주의 통일 교육을 받았을 때 별다른 반응을 하지 않던 사람들이 영화 한 편을 통해 분단과 통일에 대해 생각해 보고 뭔가 하고 싶은 '영감靈鑑'을 얻은 것이다. 이것이 〈태극기 휘날리며〉가 만든 변화의 힘이다. 영화 〈태극기 휘날리며〉는 이처럼 전쟁이라는 극한 상황을 통해 '형제애', 나아가 '가족에 대한 의미'를 강조하고 있다.

전쟁이 일어나기 전 진태는 진석을 위한 뒷바라지뿐만 아니라 약혼녀 영신과 그녀의 동생들을 포함한 사랑 가득한 가족공동체를 꿈꾸고 있었다. 전쟁 발발 하루 전날 냇가에서 "더도 말고 덜도 말고 꼭 오늘만 같았으면 좋겠다"고 하던 영신의 말은 어두운 복선을 의미했다. 가족이 품고 있었던 소박하고 작은 행복이 가혹한 냉전과 분단의 현실 앞에 무너져 내린 것이다. 하지만 영신이 했던 그 말은 우리에게 새로운 희망으로 해석될 수 있다. 전쟁 이후 우리가 이루어 놓은 가치들을 잃어버리지 않고 발전시키도록 하는 노력으로 말이다.

세월은 흘러도 남아 있는 역사
〈지슬-끝나지 않은 세월2〉

Jiseul
2012년 | 한국 | 감독 오멸 | 각본 오멸 | 프로듀서 고혁진 |
출연 오영순, 문석범, 김순덕 | 제작 설문대영상 | 배급 영화사 진진

1948년 가을, 제주도 사람들은 '해안선 5km 밖 모든 사람을 폭도로 여긴다'는 말을 듣고 피난길에 오른다. 바다로 둘러싸인 섬에서 그들이 향한 곳은 산. 무슨 일이 일어나고 있는지 영문도 모른 채 산속으로 피신한 사람들은 집에 금방 돌아갈 생각으로 둘러앉아 지슬(감자의 제주도 방언)을 나눠 먹는다. 지슬을 먹으며 집에 홀로 두고 온 돼지 걱정, 총각 장가 걱정을 하는 그들의 웃음은 끊이지 않는다. 영화 〈지슬-끝나지 않은 세월2〉는 제주 4.3사건 속에서 무고하게 죽임을 당한 민간인 희생자들의 비극을 소재로 한다. 제주도 방언으로 감자를 뜻하는 지슬은 고난의 역사 한가운데에 있는 평범한 사람들의 삶과 희망을 담고 있다.

1945년 광복 이후 남한만의 단독 정부 수립에 반대한 남로당 제주도 당의 무장봉기와 미군정의 강압이 계기가 되어 발생한 제주 4.3사건은 한국 현대사의 아픔이다. 그럼에도 불구하고 그동안 제주도 사람들 이 외에는 자세히 알려져 있지 못했다. 공식 통계상 이 사건으로 민간인 1만 5,000명 이상, 군인과 경찰 300여 명이 희생됐다. 제주 4.3사건은 2003년 당시 노무현 대통령이 국가 권력에 의한 민간인의 대규모 희 생이 이루어졌음을 인정하고 공식 사과문을 발표하기 전까지 그저 한 반도 남쪽에서 있었던 소요 사태 정도로 인식되고 있었다.

오멸 감독의 독립영화 〈지슬-끝나지 않은 세월2〉는 그 제주 4.3사건 이야기를 배경으로 한다. 이 영화는 제주도에서 촬영하고, 제주도 출 신 오멸 감독이 연출해 그야말로 제주 영화다. 영화 속 마을 주민을 연 기한 배우들은 제주도 방언을 있는 그대로 구사한다. 실제로 마을 주 민을 연기했던 대부분의 배우들은 제주도 출신들이다. 그 때문에 한국 영화로는 드물게 처음부터 끝까지 한국어 자막이 나온다.

해안선 5km 밖 폭도

영화는 1948년 11월 15일 미군정이 한 곳에 모여 있는 사람, 시설 등 을 분산시키는 명령인 소개령을 내리면서 시작한다. 소개령 이후 제주 도 중산간 지역에 대한 대대적인 초토화 작전이 벌어져 마을의 95%가 불에 타고, 주민 2만여 명은 산으로 쫓겨 가 본의 아니게 '산사람'이 되 어 버린다. 제주섬의 북서부 지역 중산간마을에도 토벌대 군인들이 들 이닥쳐, 주민들을 학살하고, 마을을 불태웠다. 주민들은 토벌대의 공세

ⓒ 〈지슬-끝나지 않은 세월2〉, 2012

를 피해 일단 산으로 들어가 숨어서 목숨을 부지해야만 했다.

영화는 4개의 장으로 되어 있다. 첫 번째 장의 이름은 영혼을 모셔 앉힌다는 '신위神位'. 폭도들을 토벌하기 위해 온 군인들이 마을에 들어오고 마을 사람들은 군경의 진압을 피해서 동굴로 간다. 이때, 한 가족의 어머니는 자신은 짐이 될 뿐이라며 놓고 가라고 한다. 그러면서 지슬감자을 가져가라고 하지만, 아들은 화가 나서 내팽개치고 만다. 동굴로 숨어들기 전에 마을 사람들은 순덕이 없어진 것을 발견하나, 곧 찾을 수 있을 것이라고 생각하고 별 걱정을 하지 않는다. 동굴로 숨어든 마을 사람들은 금방 원래 삶으로 돌아갈 것이라며 돼지 밥 걱정이나 하면서 일상적인 수다를 떤다. 두 번째 장의 이름은 '신묘神廟', 영혼이 머무는 곳이라는 뜻이다. 동굴로 들어갈 때, 마을 처녀 순덕이 없는 것을 확인한 사람들은 순덕을 좋아하는 청년에게 그녀를 찾아보라고 한다. 하지만 순덕은 군인들에게 잡히고 끌려가 성폭행을 당하고 만다.

그러다 총을 빼앗아서 군인 몇 명을 죽이고 끝내 사살당한다. 순덕을 좋아하던 청년은 이 장면을 보지만 차마 그녀가 죽었음을 마을 사람들에게 알리지 못한다.

세 번째 장은 귀신이 남긴 음식을 먹어서 복을 받는다는 '음복飮福'이다. 첫 장 '신위'에서 남겨진 어머니를 모시러 아들이 마을로 찾아간다. 하지만 마을에서는 끔찍한 학살이 저질러졌고, 그 노모마저 칼에 찔려서 살해된다. 이때 그 어머니와 살해한 군인 사이의 대화는 끔찍할 정도로 평범하다. 또한 마을로 돼지 밥 주러 간 아저씨는 돼지를 훔쳐가는 군인을 공격하려다 오히려 돌에 맞아서 부상을 입는다. 그리고 어머니를 찾으러 갔던 아들은 어머니가 살해당한 것을 발견하고, 남겨진 지슬을 가지고 동굴로 돌아온다.

이후, 네 번째 장인 지방을 태우며 염원을 드린다는 '소지燒紙'가 시작한다. 마을에 내려갔다 잡힌 청년이 군인들을 데리고 동굴로 오고 동굴에 숨어 있던 사람들은 고추를 태워서 매운 연기를 내며 저항을 하지만 결국에는 사살당한다. 그리고 여러 시체들 옆에서 지방이 불타는 장면과 제주 4.3사건에 대한 소개 자막으로 영화는 막을 내린다.

영화 〈지슬〉 속 인물은 크게 두 부류로 나뉜다. 토벌대를 피해 산속으로 피신한 주민들과 그저 상부의 지시를 따르며 주민들을 잡으러 다니는 토벌대 군인들이다. 영화는 주민들과 토벌대에 대해 누가 옳고 그름을 말하지 않는다. 단지 힘든 삶을 살아가고 있는 개인들의 이야기에 초점을 맞추었고 그에 따른 감성을 담아냈다.

동굴 속에 숨은 주민들과 이를 찾아다니는 군인들을 잇는 매개체는 지슬이다. 사람들은 지슬로 인해 울고 웃는다. 마을 주민들은 삶을 연명하기 위해 지슬을 먹고 토벌하러 온 군인들 역시 지슬을 먹는다. 처한 상황도 속한 곳도 달랐지만 그들은 모두 지슬을 먹으며 자신들에게 주어진 삶을 살아야 했다.

경남 거창, 황해 신천 양민 학살 사건

영화 〈지슬〉은 해방 이후 한반도에 불어닥친 이념 갈등의 현장에서 희생당한 사람들의 이야기를 담고 있다. 희생당한 양민들의 이야기는 한국전쟁 와중에도 발생했다. 가장 대표적인 사건이 남한에서 벌어진 '거창양민학살사건'과 북한에서 벌어진 '신천양민학살사건'이다. 1950년 12월 지리산 인근에 숨어 있던 공산군 공비 500여 명이 거창의 신원면 경찰지서를 습격하여 경찰관 10여 명을 희생한 사건이 발생했다. 이듬해인 1951년 2월 국군이 신원면을 수복하였고, 이 과정에서 국군 11사단은 공비와 내통한 혐의로 마을 주민 663명을 무차별 학살했다. 이것이 이른바 거창양민학살사건이다. 이 사건의 진상을 밝히기 위한 노력은 유족들을 중심으로 계속 시도되었으나 정부는 언급 자체를 꺼렸다. 그러다 1988년이 되어서야 위령비를 건립할 수 있었고, 1996년 국회는 희생당한 거창 주민들의 명예회복에 대한 특별조치법을 통과시켰다.

북한 지역에서 있었던 신천양민학살사건은 1950년 10월 1일 국군과 유엔군이 38선을 돌파하여 북쪽으로 진군한 것을 계기로 시작되었다. 국군이 곧 들어온다는 소식이 전해지자 10월 13일 황해도 신천 지역에서 반공의거가 일어났다. 공산 치하에 숨어 살던 기독교인들을 중심으로 한 반공청년들이 들고일어나 퇴각하는 인민군과 싸워 국군의 북진을 도왔다. 이때 309명의 반공청년이 전사했다. 그것이 5막에 걸쳐 진행된 신천사건의 제1막이다. 제2막은 퇴각하던 인민군들이 태극기가 꽂혀 있는 신천을 진압하는 와중에 벌어진 학살 사건을 일컫는다. 제3막은 공산진영에 의해 가족이 학살당한 의거군이 자치회로 개편된 다음 공산당 간부들과 그 가족들을 처단하는 일련의 과정을 말한다. 제4막은 인근 구월산으로 피해 들어간 인민군 패잔병과 남은 노동당원들이 빨치산을 조직해 다시 양민 학살에 나서고, 이를 진압하려는 자치회와 다시 한 차례 충돌하는 과정에서 벌어진 대량 살상극이다. 제5막은 후퇴했던 인민군이 중공군의 참전과 함께 신천을 재장악하면서 일어난 학살극이다. 구금되었던 공산당원과 그 가족들은 의거군에 처형되고, 미처 신천을 떠나지 못한 반공 인사들과 그 가족들이 다시 한 번 빨치산들에게 학살당한다. 다섯 번에 걸쳐 일어난 신천양민학살 사건은 비공식적인 집계로 약 3만 5,000명이 죽은 것으로 밝혀졌다. 북한은 이 사건을 미군에 의한 대량 학살이라고 대외적으로 홍보하고 있으나 사실 미군이 공식적으로 북진하던 중 신천에 머무른 시간은 공식적으로 단 두 시간에 불과했다.

신천양민학살사건을 배경으로 한 소설 《손님》을 출간한 황석영 작가는 신천양민학살사건의 근본적인 원인을 기독교와 마르크스주의, 두 이데올로기 간의 대립의 결과로 보고 있다. 그는 "조선 시대 이북 지역 사람들은 각종 차별을 받아 비교적 개화사상을 빨리 받아들였다. 그리고 일제 시대에 접어들어 지식인들은 서로 상반된 길을 걷게 되었는데 하나는 기독교를 통한, 다른 하나는 사회주의를 통한 개화의 길

ⓒ 〈지슬−끝나지 않은 세월2〉, 2012

이었다. 이들의 갈등은 토지 개혁이 시작되면서 본격화됐다"는 시각을 가지고 있다. 이 대립이 전쟁이라는 소용돌이 속에서 대학살로 나타났던 것이다. 그 과정에서 이념, 사상이 뭔지로 모르는 사람들이 그저 누구와 조금 가깝게 지내고 자신의 것을 나누며 인지상정을 베풀었다는 이유로 희생당해야 했다.

영화 〈지슬〉에서 지슬을 나누어 먹으며 각박한 세상을 일상의 웃음으로 풀어내려 했던 제주도 사람들처럼 1950년 경남 거창 신원면, 황해도 신천 사람들 역시 소소한 일상을 살아가다 그런 아픔을 당했다. 이제 남은 것은 세월이 흘러도 지워지지 않았던 역사의 아픔을 화해를 통해 잘 치유하는 일이다.

스크린에서 다시 태어난 빨치산 문학
〈태백산맥〉과 〈남부군〉

산만큼이나 높은 사랑들……
골만큼이나 깊은 아픔들……

태백산맥
감독 임권택

The Tae Baek Mountains
1994년 | 한국 | 감독 임권택 | 각색 송능한 |
원작 조정래 | 제작부장 김성룡 |
출연 안성기, 김명곤, 김갑수 | 제작 태흥영화사

그때, 쫓고 쫓기던자, 모두가 다 "우리의 형제" 였으니……

南部軍

North Korean Partisan In South Korea
1990년 | 한국 | 감독 정지영 | 각본 장선우 | 원작 이태 | 제작실장
최병윤 | 출연 안성기, 최진실, 최민수 | 제작 남프로덕션

1987년 6월 민주항쟁은 한국 사회에 많은 변화를 가져다 주었다. 다양한 이야기와 논의를 할 수 있는 합법적 공간이 넓어졌다. 그리고 6월 민주항쟁은 우리에게 한층 진일보된 표현의 자유를 가져다주었다. 대표적인 것이 금지된 노래의 '해금(解禁)'이다. 1970년대 가수 양희은이 부른 '아침이슬'은 1987년 6월 민주항쟁 이전까지만 해도 공식적인 자리에서는 부를 수 없는 금지곡이었다. 아울러 1987년 6월 항쟁을 기점으로 대학생과 지식인들을 중심으로 해방 이후 빨치산 활동에 대한 각종 문학적 기술(記述)을 읽는 열풍이 일어난다. 그리고 빨치산 문학은 영화 〈태백산맥〉과 〈남부군〉을 통해 다시 조명된다.

'빨치산'은 프랑스어로 동지 또는 당파라는 뜻의 'parti파르티'에서 유래한 말로, 일정한 조직 체계에 의하지 않은 비정규군을 일컫는 말이다. 우리 사회에서는 흔히 한국전쟁 직전과 직후 지리산을 중심으로 활동했던 공산 유격대를 빨치산이라고 부른다.

빨치산 문학

1970년대 이병주의 장편소설 《지리산》으로 시작된 빨치산 문학은 1980년대 조정래의 소설 《태백산맥》으로 본격화되었고, 1988년 이태의 수기 《남부군》이 출간되면서 대중적인 관심을 모았다. 반공 체제 아래 묻어 두었던 해방 이후 이념 갈등과 빨치산 활동에 대한 금기를 헐어 낸 이러한 작품들은 독자들의 호기심에 편승해 대중적으로 큰 인기를 누렸다. 1980년대 이전 분단 문학은 대부분 6.25 한국전쟁이라는 소재에 치우쳐 있었고 형제간에 총을 겨누어야 하는 전쟁의 비극과 상처에 초점을 맞추고 있었다.

또 한편으로는 엄격한 당국의 감시 속에서 이념 문제를 다루는 작품들은 '반공'이라는 시대적 흐름을 타야 한다는 암묵적인 의무감을 가졌다. 분단 문학에 익숙했던 독자들에게 빨치산 문학은 이전에 느끼지 못했던 새로움을 주었다. 물론 빨치산 문학이 역사 해석의 오도, 빨치산 투쟁 일변도, 감상주의라는 비판을 받기도 했지만, 해방 이후 역사를 총체적으로 보고 분단의 실상을 파악했으며 분단 문학에서 통일 지향 문학으로 변화를 주었다는 점에서 의미가 있다. 이러한 빨치산 문학의 인기에 힘입어 조정래의 《태백산맥》과 이태의 《남부군》은 영화로도 제작되었다.

영화 〈태백산맥〉

태백산맥은 1983년~1989년까지 월간 〈현대문학〉에 연재된 조정래의 대하장편소설이다. 총 4부로 구성되어 있는데, 제1부, 제2부는 여수, 순천에서의 반란이 실패하고 그로 인해 빨치산이 입산하게 된 배경과 빨치산 유격전과 군경의 토벌 작전을 중심으로 전개된다. 제3부는 1950년 6.25 한국전쟁의 발발과 빨치산의 하산, 미군의 참전과 빨치산의 재입산, 그리고 좌·우익의 극한 투쟁을 다루고 있다. 제4부는 휴전협정의 조인을 다루고 있으며 투쟁의 방향을 '역사투쟁'으로 바꾼 후, 중심인물인 전남 보성 지역 좌익 리더 염상진의 죽음으로 소설은 끝난다. 좌익 빨치산 계열, 토벌군, 우익 청년 계열, 중도지식인 그룹 등으로 이뤄진 인물들은 바로 당대 현실을 대변하는 캐릭터들이다. 이 소설은 여순사건 이후부터 농지 개혁에 대한 저항, 그리고 6.25 한국전쟁에 이르기까지 근대사의 가장 중요한 사건들을 본격적으로 다루었다는 점에서 분단 문학의 새로운 지평을 연 작품으로 평가받고 있다.

　임권택 감독은 소설《태백산맥》1, 2부를 바탕으로 영화를 제작했다. 해방 후 극심한 좌우 이념 대결이 절정에 달하던 1948년 10월 19일, 여순반란사건이 일어난다. 남로당 전라남도 보성군 당 위원장인 염상진김명곤을 중심으로 한 좌익 세력은 벌교를 장악한 후 인민재판을 열어 반동분자를 숙청한다. 그러나 토벌군에 의해 반란군이 패퇴하면서 좌익 세력은 순천의 조계산으로 후퇴하고, 벌교로 다시 들어온 우익 세력

은 좌익 연루자와 그 가족들을 연행해 조사한다. 이때 우익 청년조직인 대동청년단 감찰부장인 염상구김갑수는 형 염상진에 대한 증오심으로 빨치산의 아내를 겁탈하는 등 좌익 가족에 대한 보복 테러를 가한다.

순천중학 교사이며 민족주의자인 김범우안성기는 벌교 내에서 벌어진 좌익의 잔인한 반동 숙청과 우익의 과도한 보복 모두를 비판하며 막아 보려다 오히려 빨갱이로 몰려 고초를 겪는다. 한편 빨치산을 토벌하기 위해 심재모최동준가 이끄는 계엄군이 벌교에 들어선다. 심재모는 지역 내에서 존경을 받고 있는 김범우를 찾아가 지역의 현안에 대해 이야기한다.

심재모토벌대장 : 대체 이 벌교란 어떤 곳입니까? 어째서 그렇게 좌익이 많이 나왔고, 좌우익 갈등이 심했는지요?

김범우민족주의자 : 벌교에서의 좌우익 갈등은 땅에서 시작되었고 땅으로 귀결된다고 볼 수 있습니다.

심재모 : 땅이라구요? 조금 뜻밖이군요.

김범우 : 이 땅의 문제는 일제 침략에서부터 설명되어야 합니다. 한반도 식민지화에 착수한 일본이 제일 먼저 한 일은 8년간의 토지 조사를 벌여 농민들의 땅을 약탈한 것인데, 그 결과 농민의 8할이 소작농으로 전락하고 그들의 8할이 극심한 굶주림에 허덕여야 하는 전략 농가가 된 것이 식민지의 현실이죠. 그 와중에도 많은 지주들은 일본인들과 협조하여 땅을 사들여 대지주가 되었는데, 이른바 친일 지주입니다. 그들은 일본인 지주들과 함께 농민을 착취하며 식민 정치에 적극 협조했습니다. 농민들은 수확량의 7할 이상을 지주에게 바쳐야 하는 현실 속에서 춘궁기의 악순환에 시달려야 했는데 그런 비참이 집중된 곳이 땅이 너른 삼남 지방이었고 그중에서도 심한 곳이 바로 전라도 지방이었습니다. 그러다 마침내 해방이 되었지요. 그런데 미소에 의해 점령된 남북 지역에 중요한 차이가 발생했습니다. 이북이 무상 몰수 무상 분배의 토지 개혁을 단행한 데 반하여 이남에서는 자기 재산을 앉아서 뺏길 수 없다는 지주들의 강한 반발 속에서 농지 개혁은 자꾸 미뤄지고, 그에 따른 작인들의 실망과 분노가 커지면서 지주와 소작 간에 땅을 둘러싼 갈등이 심해지자 그 갈등의 틈을 좌익이 파고들었지요. 그들이 주장하는 무상 몰수 무상 분배는 자기 땅을 갖고 싶어 하는 소작들의 열망과 잘 맞아떨어지고 그 결과 많은 소작들은 사상이 뭔지도 모른 채 좌익에 동조하거나 가담하게 된 겁니다. 여순사건 때 많은 소작들이 입산하게 된 것도 바로 그 때문이지요.

한편 보성 지역 좌익 계열의 대장인 염상진은 좌익의 수중에 들어간 보성군 율어면에서 무상분배에 의한 토지 개혁을 실시한다. 이는 주민들의 높은 호응을 얻지만 심재모의 기습 작전으로 빨치산들은 다시 산으로 쫓긴다. 산자락 마을을 가운데 두고 벌이는 심재모와 염상진의 싸움은 점점 그들의 이성을 마비시키고 김범우는 이데올로기의 광기에 희생되는 사람들의 모습을 보면서 문득 전쟁을 예감한다. 1949년 겨울부터 시작된 군경이 합세한 동계 대토벌 작전으로 빨치산 세력의 90%가 토벌되고 남아 있던 세력들이 혹독한 굶주림과 절망 속에 허덕이고 있을 때 6.25 한국전쟁이 터진다. 염상진을 비롯한 빨치산들은 북한 인민군과 함께 다시 벌교에 진입했으나 자신들의 기존 조직과 투쟁 방식을 인정하지 않는 인민군과 갈등이 일어난다. 그들은 1950년 9월 UN군과 국군이 대반격을 하면서 다시 벌교를 떠나 산으로 들어간다. 소설《태백산맥》의 후반부는 빨치산의 산중 작전을 다루고 있지만 영화〈태백산맥〉은 인천상륙작전 이후 북한 정규군이 철수하며 끝을 맺는다.

영화〈남부군〉

지리산에서의 빨치산 이야기는 영화〈태백산맥〉보다 4년 먼저 개봉한 영화〈남부군〉에 잘 나타나 있다. 남부군은 6.25 당시 합동통신 기자였던 이태1922~1997의 자전적 소설이다. 6.25 한국전쟁 전 서울에서 합동통신 기자로 일했던 이태는 인민군에게 체포돼 북한 조선통신 기자가 되었다. 그러다 1950년 9월 순창 엽운산에 빨치산으로 입산, 남부군에

가담해 실제 빨치산으로 활동하다가 1952년 3월에 토벌대에 체포되었다. 체포 후 전향해 1963년 민중당 전국구 국회의원을 지낸 후 1970년대까지 야당 정치인 생활을 했다. 그가 경험한 빨치산을 소설화한 《남부군》은 1988년 출간과 함께 큰 화제를 모았고, 1990년 정지영 감독은 이를 영화로 제작한다.

영화는 1950년 9월 연합군에 의한 인천상륙작전 직후를 배경으로 시작한다. 조선중앙통신사 종군기자 이태안성기는 낙동강까지 밀려 내려온 인민군의 패전으로 북한 인민군 유격대에 합류한다. 전세의 변화에 따라 남부군은 부대를 개편하고 이태는 신문 편집과 전사 기록의 책임을 맡아 빨치산의 활동을 기록하기 시작한다. 얼마 후 휴전회담 소식과 함께 빨치산은 이제 북으로의 귀환을 기대하며 설레는 나날을 보낸다. 그러나 그것은 남한 토벌대에게 쫓기고 북쪽으로부터도 버림받게 되는 고된 여정의 시작이었다. 토벌대에 추격당하면서 부상당한 이태는 자신을 간호해 주던 박민자최진실와 사랑에 빠지지만 본대 복귀 명령을 받고 헤어진다.

겨울이 깊어 가면서 이태의 소대는 악담봉 전투에 참여한다. 그곳에서 시인 김영最民수을 만나 그들은 동족 간 전쟁의 허무함을 토로한다. 이 전쟁에서는 남과 북 어느 쪽에도 승리는 없고 우리가 외세의 힘으로 해방되었고, 외세로 인해 분단되었으며, 외세가 개입한 전쟁을 하고 있기에 어디가 이기든 그것은 남과 북이 아니라, 미국이나 소련의 승리일 따름이라고 탄식한다.

토벌대에 쫓기던 이태를 비롯한 빨치산들은 지리산 속으로 들어간다. 이태는 남부군에 합류하고 정치부 소속의 정식당원이 된다. 휴전회담 소식이 들리는 가운데 대원들의 분위기는 어수선해지고, 남부군은 추위와 굶주림, 쇠진해진 사기로 궁지에 몰린다. 마침내 최후의 발악 같은 전투가 벌어지고 대열에서 낙오된 이태는 토벌군의 포로가 되면서 기나긴 빨치산 생활을 마감한다. 영화의 마지막 부분에서 주인공 이태는 이렇게 자신의 심정을 글로 표현한다.

1952년 3월 9일 나는 시천면 외공마을에서 토벌군에게 체포되었다. 16개월 후 휴전협정이 체결되었다. 협정 조인서에는 양측 후방에 남겨진 장비의 철거, 심지어 전사자의 발굴 및 반출에 관한 조문은 있었지만 남쪽 산악 지대에서 절망 속에 헤매고 있는 살아 있는 인간들에 대한 고려는 전혀 없었다.

이는 지리산에 갇힌 남부군이 남한의 토벌대에 쫓기면서 결국 북한에서도 버림받은 비극적 운명을 나타내고 있다. 영화 〈남부군〉은 지리산 빨치산 활동과 왜 남과 북이 갈라서고 왜 동족끼리 죽이고 죽어 가

ⓒ 〈남부군〉, 1990

야 하는지에 대한 고민을 담고 있으며, 한국전쟁 당시 공산주의자인 빨치산의 활동상과 처지를 객관적이면서도 긍정적인 시각으로 그린 영화로 평가받고 있다. 한편 이와 반대로 지식인의 관점에서 그려졌고 빨치산을 지나치게 개인적으로 재현했다는 비판도 있다. 1990년 경향 신문 7월 13일 자에는 영화 〈남부군〉이 빨치산이 저지른 만행과 죄악 상은 접어둔 채 지나치게 인간적인 모습만 보여 줬다는 비판적인 기사 도 실렸다.

여러 가지 관점과 해석이 있지만 한 가지 확실한 것은 해방 이후 우 리는 좌우익의 갈등을 겪었고 전쟁을 경험했으며 자신이 원했든 그렇 지 않았든 간에 지리산으로 올라간 사람들은 남과 북 모두로부터 인 정받지 못했다는 것이다. 그렇다면 그들은 과연 무엇을 위해 싸운 것 일까?

무엇보다 상대에게 관용(tolerance)을

영화 〈태백산맥〉의 원작인 조정래의 소설 《태백산맥》은 총 700만 부 이상 팔렸으며 1980~1990년대 민족 문제를 고민하던 대학생들에게 는 일종의 필독서였다. 하지만 보수적인 정서를 가진 사람들은 소설 《태백산맥》을 이적성이 짙은 불온 서적으로 취급했다. 그렇다고 보수 적인 모든 사람들이 이 책을 외면한 것은 아니다. 2008년 11월 21일, 소설 《태백산맥》의 뜻을 기리고자 소설의 주요 무대인 전남 보성군 벌 교읍에 '조정래 태백산맥 문학관'이 개관했다. 이 자리에는 한국 보수 층의 원로이자 민정당 최고위원을 지낸 박태준1927~2011 전前 포항제

철 회장이 참석해 축사를 했다. 많은 사람들이 박태준 회장의 등장에 의아해했다.

'박태준과 조정래'. 사람들이 보기에는 전혀 어울리지 않는 조합이었다. 두 사람은 살아온 길이 너무나 달랐다. 한 사람은 '보수'로, 한 사람은 '진보'로 각인되어 있었다. 그래서 두 사람을 이해하고 받아주는 사람들 역시 달랐다. 조정래를 '민족 작가'라 부르며 호감을 보이는 사람들은 박태준을 '개발 독재의 주역'이라 칭하며 거부감을 나타냈고, 박태준을 경제기적을 이룬 '산업화의 영웅'으로 치켜세우는 사람들은 조정래를 '빨갱이 작가'라 매도했다.

극단의 한국 현대사를 살아온 두 사람은 1996년 한국전쟁 이후 한국의 성장과 발전을 다룬 대하소설《한강》의 집필 과정에서 첫 만남을 가졌다. 배경이 달랐던 두 사람은 상대방이 걸어온 길의 진정성에 매료되었고, 서로를 세워 주고 보듬어 주는 관계로 발전했다. 보수층의 원로 박태준 회장은 조정래 작가가 소설《태백산맥》으로 인해 국가보안법 위반 혐의로 고발당하는 과정에서 조 작가의 진정성을 알리며 바람막이 역할을 해 주었다. 또한 조정래 작가는 철강왕 박태준 회장의 기업가 정신을 그린 전기를 직접 집필하며 박 회장의 업적을 인정하기도 했다. 서로를 이해하고 허물을 들추어 내지 않고 품어 주는 마음. 한국 사회의 큰 어른 박태준 회장과 조정래 작가에게는 살아온 배경이 다른 상대방을 포용하는 그 마음이 있었다. 우리는 이러한 배려의 마음을 '관용Tolerance'이라 부른다. '개발독재의 주역'과 '빨갱이 작가'는 이미 역사의 뒤안길에서 마음을 나누며 관용을 실천하고 있었다.

현대 사회의 핵심적인 가치인 개방성과 다양성의 근원에는 상대방에 대한 관용이 있다. 즉 나의 절대성만을 주장하는 것이 아니라 서로의 상대성을 인정하는 것이다. 21세기 세계화 시대, 통일을 지향하는 이 시대에 우리가 가져야 할 가장 큰 덕목 역시 '관용'이다. 하지만 우리 사회는 분단을 극복하고 통일을 지향하는 문제에 대한 다양한 담론을 인정하고 수용하는 데 있어 아직 부족한 면이 많다. 21세기에 살고 있지만 아직도 20세기 이념의 잣대를 기준으로 자신의 생각과 조금이라도 다르면 '빨갱이', '수구꼴통'으로 재단하는 안타까운 현실에서 관용은 더욱 절실하다. 故 박태준 회장과 조정래 작가의 아름다운 관계처럼 말이다.

학도병, 그들은 군인인가? 군인이 아닌가?
〈포화 속으로〉

71-Into the Fire(Po-hwa-so-geu-ro)
2010년 | 한국 | 감독 이재한 | 각본 이만희, 김동우, 이재한
각색 정태원 | 프로듀서 최명기 | 출연 차승원, 권상우, 탑(T.O.P)
제작 ㈜태원엔터테인먼트 | 배급 롯데쇼핑㈜롯데엔터테인먼트

이재한 감독의 영화 〈포화 속으로〉는 1950년 경북 포항지구 전투에 참여한 71명 학도병의 실제 이야기를 바탕으로 만들어진 영화다. 국군이 인민군에 밀려 후퇴에 후퇴를 거듭하는 가운데 포항을 지키던 강석대 대위의 부대도 낙동강을 사수하기 위해 다른 곳으로 이동하라는 명령을 받는다. 하지만 전략적 요충지인 포항을 비워 둘 수는 없었다. 강석대 대위의 부대는 다른 전선으로 떠나고, 총 한 번 제대로 잡아 본 적 없는 장범을 비롯한 71명의 학도병만 포항에 남는다. 학도병은 군인인가, 군인이 아닌가? 남겨진 학도병들은 이 물음에 대해 생각하고 대답하기에 앞서 먼저 총부터 잡아야 했다.

1950년 6월, 전쟁이 발발하자 남한은 북한군에 밀려 계속 남쪽으로 내려가야 했다. 북한의 남침 1개월이 되는 7월 말. 북한군은 충청도와 전라도를 점령하고 경상도 낙동강 유역까지 들어왔다. 한반도 전체 면적의 90%가 북한군에 점령됐다. 하루빨리 전쟁을 끝내려는 북한군과 그런 북한군을 최대한 저지하며 반격을 노리는 국군과 유엔군이 낙동강을 사이에 두고 한 치도 물러설 수 없는 대결을 벌였다. 낙동강을 사이에 둔 1개월 반에 걸친 공방전은 결국 북한군의 패배로 끝났고, 9월 15일 인천상륙작전 개시와 더불어 국군과 유엔군은 낙동강 방어선에서 총 반격을 준비한다.

최후의 보루, 낙동강 전투

낙동강 전투는 치열했던 만큼 희생이 컸다. 하루에도 수천 명의 희생자가 나왔고 희생된 인원만큼 새로운 병력이 보충되었다. 전장에서는 늘 병력이 부족하였다. 심지어는 징집 연령인 17세가 안 되는 어린 학생들도 '학도병'이란 이름으로 어른들의 전쟁에 참했다. 전국적으로 대략 5만 명 이상의 학생들이 직접 총을 들고 전투에 참가하였으며, 이 중 7,000명 이상이 희생되었다. 나라를 지키기 위해 참가했던 학도병들의 희생 하나하나가 모두 고귀하지만 특히 낙동강 전투의 한복판이었던 포항지구에서의 학도병들의 희생은 더없이 귀하다.

 1950년 8월 10일 남하하던 북한군은 경북 포항 북쪽의 흥해를 점령하며 국군 3사단 퇴로를 차단해 포항 시내를 고립시켰다. 이때 포항에는 3사단 후방 사령부가 포항여자중학교에 위치하고 있었으며, 학도병

71명이 제3사단에 입대하기 위해 사령부를 찾아왔으나 사령부에는 자신들과 함께할 전투 병력이 없었다. 이러한 상황에서 8월 11일 북한군은 포항 시내로 진입하기 시작했다. 이를 목격한 학도병들은 스스로 2개 소대를 편성하여 제3사단 후방사령부 행정요원 60여 명과 함께 사령부 주변에서 방어전을 전개, 8월 11일 새벽 4시부터 11시간 동안 북한군의 침공을 저지했다. 혈투를 벌였으나 포항이 북한군의 수중에 넘어갔고 학도병들 대부분은 전사하거나 포로로 잡혔다.

포화 속으로

이재한 감독의 영화 〈포화 속으로〉는 1950년 포항지구 전투에 참여한 71명 학도병의 실제 이야기를 바탕으로 만들어진 영화다. 국군이 후퇴에 후퇴를 거듭하는 가운데 포항을 지키던 강석대 대위김승우의 부대도 낙동강을 사수하기 위해 다른 곳으로 이동하라는 명령을 받는다. 하지만 전략적 요충지인 포항을 비워 둘 수는 없었다. 강석대 대위는 어쩔 수 없이 총 한 번 제대로 잡아 본 적 없는 71명의 학도병을 그곳에 남겨 두고 떠난다.

　강석대 대위는 유일하게 전투에 따라가 본 적이 있다는 이유로 장범최승현을 중대장으로 임명한다. 그러나 소년원에 끌려가는 대신 전쟁터에 자원한 갑조권상우 무리는 대놓고 장범을 무시한다. 71명의 소년들은 피난민도, 군인들도 모두 떠난 텅 빈 포항에서 앞으로 어떤 일이 벌어질지 모른 채 강석대 대위가 돌아오기만을 기다린다. 영덕군을 초토화시킨 북한군 진격대장 박무랑 소좌차승원가 이끄는 766 유격대는 낙

ⓒ 〈포화 속으로〉, 2010

동강으로 향하라는 상부의 지시를 무시하고 최단 시간 내에 부산으로 향하기 위해 방향을 돌려 삽시간에 포항에 다다른다.

766 부대의 박무랑 소좌는 학도병들을 공격하기보다는 먼저 회유해서 설득하려 한다. 학도병 중대장인 장범과 문제아인 갑조 간의 다툼이 더 격해지며 북한군과 맞서 싸울 건지 아니면 투항하거나 해산할 건지에 대한 격론이 벌어진다. 이윽고 박무랑 소좌가 투항하라고 통첩한 시간이 다다르자 학도병들은 766 부대를 향해 선제공격을 하고 766 부대와 학도병 사이에 전투가 벌어진다.

처음에는 학도병들의 전략대로 진행되었으나 북한군의 탱크와 장갑차가 등장하며 이내 전세는 역전돼 버린다. 저항하던 학도병들은 한두 명씩 목숨을 잃기 시작하고 학도병들의 희생이 막바지에 다다랐을 때 강석대 대위가 어렵게 낙동강 전선에서 병력을 이끌고 도착해 북한군 766 유격대를 물리친다.

학도병은 군인인가? 군인이 아닌가?

영화 〈포화 속으로〉에는 학도병의 정체성을 묻는 '학도병은 군인인가? 군인이 아닌가?'라는 질문이 두 번 나온다. 처음에는 3사단 사령부가 있던 포항여자중학교에서 강석대 대위가 71명의 학도병들을 모아 놓고 왜 학도병들이 남아서 포항을 지켜야 하는지에 대해 설명할 때 나온다. 강석대 대위는 "학도병은 군인인가? 군인이 아닌가?"라고 질문한다. 이때 학도병들은 대답을 내놓지 못한다. 이에 강석대 대위는 이러한 말을 던진다. "너희들의 조국이다. 반드시 지켜 낼 거라 믿는다." 그러고는 학도병들만 남기고 다른 병력들과 함께 떠난다.

강석대 대위는 직접적인 답을 주진 않았지만 군인이 되어 싸우라는 의미로 말을 한 것이다. 그리고 두 번째는 북한군 766 부대와의 전투에 앞서 학도병 중대장 장범이 다른 학도병들에게 말하며 전의를 다지는 상황이다. "강석대 대위가 우리에게 물었다. 학도병은 군인인가? 군인이 아닌가?" 이에 학도병들은 한 목소리로 대답한다. "학도병은 군인이다." 다른 이가 자신들의 정체성을 정의하기 전에 학도병들은 스스로 군인이라고 대답했다.

자신들이 군인인지 잘 몰랐던 학도병들은 여러 과정을 거쳐 자신들이 군인임을 깨닫고, 몰려오는 적과 용감히 싸웠다. 이러한 선배 세대들의 희생이 있었기에 우리의 오늘이 있다. 영화 속에는 '학도병은 군

ⓒ 〈포화 속으로〉, 2010

인이다'라는 결단을 하기까지 그들의 인간적인 두려움과 나약함이 곳곳에서 보인다. 아직 부모 밑에서 어리광을 부리고 있어야 할 이들은 총을 쏘는 압박감, 사람을 죽이는 것에 대한 공포, 내가 죽을 수도 있다는 두려움 등 평상시 같으면 결코 겪을 수 없는 일들을 겪었다.

 어린 나이의 학도병들은 이념, 사상 이런 것은 잘 몰랐다. 단지 어른들의 이야기를 듣거나 주변에서의 모습을 보고 지금 맞닥뜨린 상대가 적임을 직감했고 내 나라, 내 지역, 내 가족을 지키기 위해 총을 들었다. 이들은 비록 희생되었지만 이들과 같은 희생이 반복되지 않기를 바랄 뿐이다. 학도병은 군인이었다. 그리고 그 이전에 누군가의 소중한 아들이고 형제였다.

 어머니, 전쟁은 왜 해야 하나요?

 이 복잡하고 괴로운 심정을 어머님께 알려드려야
 내 마음이 가라앉을 것 같습니다.
 저는 무서운 생각이 듭니다.
 지금 내 옆에서는 수많은 학우들이 죽음을 기다리는 듯
 적이 덤벼들 것을 기다리며 뜨거운 햇빛 아래 엎드려 있습니다.

 적은 침묵을 지키고 있습니다.
 언제 다시 덤벼들지 모릅니다.
 적병은 너무나 많습니다.
 우리는 겨우 71명입니다.

이제 어떻게 될 것인가를 생각하면 무섭습니다.

— 1950년 8월 10일 포항여중 전투에서 이우근 학도병이

어머니께 쓴 편지 중 일부분

숨겨졌던 노근리 주민들의 비극
─ 〈작은 연못〉

A Little Pond
2007년 | 한국 | 감독 이상우 | 각본 이상우 | 제작실장 정원찬 | 출연 신명철,
전혜진, 박채연 | 제작 (유)노근리프로덕션

6.25 한국전쟁이 터졌으나 바위골 사람들에게는 그저 남의 일일 뿐이다. 어르신들은 정자나무를 그늘 삼아 바둑 삼매경에 빠져 있고, 동네 개구쟁이들은 서울 구경 생각에 들떠 노래 경연대회 연습을 한다. 북한군이 점점 가까이 다가오고 있다고는 하지만, 주민들에겐 그저 남의 이야기일 뿐이다. 그러던 어느 날, 마을 주민들은 전쟁을 피해 도망치고 그 와중에 자신들의 편이라 믿었던 미군의 공격을 받는다. 6.25 한국전쟁 중 실제 있었던 미군의 피난민 오인 사격을 배경으로 한 영화 〈작은 연못〉에는 그동안 우리가 생각하지 못했던 미군과 미국에 대한 인식이 담겨 있다. 우리에게 미국은 무엇인가?

1950년 7월 미군은 충북 영동군 노근리에서 발견되는 민간인을 적으로 간주하라는 명령에 따라 무고한 주민 300여 명을 학살했다. 일명 노근리 사건이다. 1960년 민주당 장면 정권은 당시 미군에 이에 대한 진상을 소청했고, 1994년 이 사건을 주제로 한 소설이 출간되기도 하며 한겨레신문 등에서 보도됐지만 별다른 관심을 받지 못했다. 그러다가 1999년 AP통신의 보도를 통해 세계적인 주목을 받았다. 이후 한미 양국은 공동조사를 통해 노근리 사건이 미군에 의한 양민 학살 사건임을 공식 발표하였다.

노근리 사건과 영화 〈작은 연못〉

이후 노근리 사건에 관한 영화가 제작됐다. 이상우 감독이 연출한 〈작은 연못〉이다. 영화는 한여름 마을의 평화로운 풍경에서 시작한다. 6.25 한국전쟁이 터졌으나 선대 때부터 바위골에 터를 잡고 살아왔던 사람들은 그저 남의 일일 뿐이다. 어르신들은 정자나무를 그늘 삼아 바둑 삼매경에 빠져 있고, 동네 개구쟁이들은 서울 구경 생각에 들떠 노래 경연대회 연습을 한다. 북한군이 점점 가까이 오고 있다는 이야기가 있지만, 주민들은 이 마을과는 상관없는 이야기로 치부한다.

그러던 어느 날 미군이 마을을 찾아와 이곳이 작전지라며 마을에서 떠날 것을 주민들에게 요청한다. 마을 사람들은 모두 짐을 싸 들고 어디로 가야 할지도 모른 채 곧 돌아오리라는 순진한 믿음을 갖고 무작정 마을 뒷산으로 올라간다. 뒷산에서 피신해 있던 마을 사람들은 또다시 남쪽으로 피난 가라는 군인들의 말을 듣는다.

ⓒ 〈작은 연못〉, 2007

철로변을 따라 걷던 마을 사람들은 영문도 모른 채 폭격을 받는다. 철로변에서 살아남은 사람들은 가까스로 철도 아래 굴다리에 숨는다. 하지만 여기서도 미군들의 총격에 의해 또다시 많은 사람들이 죽는다. 언제까지 다리 밑에서 이렇게 숨죽이고 있어야 하나 생각하던 청년들은 흙탕물을 온몸에 덮어쓰고 그곳을 탈출하려 한다. 그렇게 나가더라도 산다는 보장이 없지만 적어도 그 다리 밑에선 그것만이 유일한 희망이었다.

그렇게 시간이 흘러 그해 가을 도망쳤던 아이들이 살아 마을로 무사히 돌아온다. 영화의 마지막은 동네 사람들이 학교에 모여 아이들과 함께 음악회를 하는 모습으로 마무리된다. 아마도 전쟁이 일어나지 않았다면 그리고 미군의 오인 사격이 아니었다면 마을 음악회는 이들의 일상적인 모습이었을 것이다.

한국과 미국

영화 〈작은 연못〉에는 미군과 미국에 대한 부정적인 인식이 내포돼 있다. 미국은 현재 우리나라의 정치, 경제, 사회, 문화 등 생활 전반에 걸쳐 가장 큰 영향력을 발휘하고 있는 나라 중 하나다. 이러한 미국과 우리나라의 관계는 150년의 역사를 갖고 있다. 그러나 한미 관계가 오늘날과 같은 긴밀한 양상을 보인 것은 1945년 해방 이후의 일이다.

역사적으로 미국은 제네럴셔면호사건1866과 신미양요1871 등으로 인해 우리에게 적으로 인식되었다. 그러나 중국인 황준현의 저서《조선책략》을 통하여 우리의 미국에 대한 인식은 변하기 시작한다. 황준현은 미국을 '남의 나라와 인민과 영토에 대한 욕심이 없는 나라', '약한 나라를 도움으로써 공의를 유지하는 나라', '땅이 넓고, 자원이 많고, 상공업이 발달한 나라'라고 소개하며 남하 정책을 펴는 러시아를 견제하는 데 가장 좋은 나라라고 표현했다. 조선 정부는 새로이 형성된 긍정적인 미국관을 바탕으로 1882년 미국과 수교를 했다. 이후 미국인 선교사, 상인, 정부 관리 등을 통해 새로운 문물이 조선에 들어왔다. 미국과 교류가 많아지면서 조선 정부는 내심 자신들이 위태로워질 때 미국이 더 많은 도움을 주리라 기대했으나 미국 정부는 한반도 문제에 대해 중립 내지 불간섭 정책을 취했다. 1905년 러일전쟁에서 일본이 승리하자 미국과 일본은 가쓰라-태프트 밀약을 맺었다. 미국은 조선에 대한 일본의 식민통치를 인정하고 서울의 미국 공사관을 철수하기에 이른다. 이후 태평양전쟁이 발발하는 1941년까지 미국-일본 관계는 상호 우호적이었다. 이 시대 식민지 조선의 독립운동가들이 미국을 향해 나름 구애를 했으나 냉담한 반응만 되돌아왔다.

우리에게 미국은 무엇인가?

해방 이후 미국은 우리에게 일제로부터의 해방을 안겨 주는 데 역할을 한 은인이자 대한민국의 탄생을 도와준 후견인으로 새롭게 자리매김했다. 자유민주주의와 시장경제가 미국의 도움으로 한국에 정착할 수 있었고, 미국의 경제적인 도움과 쏟아지는 각종 미국 상품들은 미국을 하나의 이상향으로 바라보게 하기에 충분했다. 무엇보다 미국은 6.25 한국전쟁 당시 우리를 도왔다. 이러한 사회 분위기 속에서 미국을 비판하거나 부정적으로 보면 거의 신성모독에 가까운 취급을 받거나 심할 경우 '미국 비판=공산주의자'라는 올가미에 씌워져 당사자와 그 주변까지 고통을 받았다.

한국 사회가 미국에 대해 서서히 재인식을 하기 시작한 것은 1980년대 들어서부터다. 1980년 일명 '서울의 봄'이라 불린 민주화의 열기를 꺾은 '광주민주화운동' 무력 진압을 미국이 방관했다는 논리가 대학가에서 설득력을 얻기 시작했다. 기존 '독재정권 타도'만을 외치던 시위에 반미 구호가 등장하기 시작했고, 미국의 국기를 불태우고 미국 공관 건물을 방화하거나 점령하는 사건까지 발생했다. 특히 한국에 주둔하고 있는 '주한미군'의 범죄 행위와 미국에 유리한 조건이 많은 '한미행정협정'은 한국 국민으로 하여금 미군뿐 아니라 미국에 대해 다시금 생각하도록 만들었다. 대표적으로 주한미군에 의해 저질러진 1992년 윤금이 씨 살인 사건이나 2002년 효순·미선 장갑차 사건은 반미

ⓒ 〈작은 연못〉, 2007

감정을 부추겼다.

　미국에 대해 기존과 다르게 배우고 생각한 첫 세대인 1980년대 대학생이었던 이들이 사회의 각 영역에 진출하면서 이들 나름의 방법으로 미국에 대해 해석을 내놓았다. 특히 영화계의 경우 미국에 대한 새로운 해석이 하나의 문화 코드가 되었다. 또한 한국전쟁 당시 미군의 양민 오인 사격이었던 노근리 사건이 재조명되면서 한국인의 정서를 자극하기도 했다. 지금 한국에서 미국의 존재는 과거와 다르게 정립되고 있는 중이다. 한국인에게 미국은 그 영향력만큼 다양한 해석이 존재한다.

상처받은 약자, 상처받은 공동체
〈은마는 오지 않는다〉

The Silver Stallion Will Never Come
1991년 | 한국 | 감독 장길수 | 각본 장길수, 조재홍 | 원작 안정효 | 제작담당
이상열, 홍성연 | 출연 이혜숙, 김보연, 전무송 | 제작 한진흥업㈜

봄 춘(春), 내 천(川). '봄 시내'란 어여쁜 이름의 춘천은 한 지역의 지명을 넘어 젊은 날의 추억을 아른거리게 하는 도시다. 도시를 둘러싸고 있는 안개 자욱한 호수와 겹겹이 조화를 이룬 산들이 감싸 주는 춘천은 한 폭의 수채화 같은 아름다운 기억을 선물한다. 춘천은 겉으로 보기에는 잔잔하고 평온하지만 그 이면에는 분단과 전쟁의 아픈 역사를 고스란히 간직하고 있다. 영화 〈은마는 오지 않는다〉는 그런 춘천과 춘천 사람들에 관한 영화다.

춘천은 한국전쟁의 치열한 격전지였던 만큼 지역 사람들이 전쟁을 통해 받은 상처도 크다. 전쟁 통에 많은 사람들이 죽거나 다쳤으며 이산가족이 되었고, 전쟁 전후로는 미군이 주둔하면서 도시의 분위기도 상당히 바뀌었다. 분단과 전쟁의 아픔을 갖고 있다 보니 춘천을 배경으로 한 한국전쟁 관련 소설과 영화가 적지 않다.

은마는 오지 않는다

1963년 여름, 당시 서강대 3학년 학생이었던 번역가 겸 소설가 안정효는 영어사전 한 권과 노트 몇 권을 갖고 춘천시 서면 금산리 황 면장댁을 찾았다. 안정효는 방학 동안 장군봉 전설과 미군 부대 등 춘천의 여러 요소를 녹여 영어 소설 초고를 완성했다. 이 소설은 1988년 미국에서 'Silver Stallions'란 이름으로, 국내에서는 '길쌈'이란 이름으로 출간되었다가 나중에 '은마는 오지 않는다'로 이름을 바꾸어 출간되었다. 그리고 1991년 장길수 감독에 의해 영화 〈은마는 오지 않는다〉로 제작되었다.

이야기는 1950년 9월 인천상륙작전 직후 강원도 춘천 근처의 작은 마을 '금산리'에서 시작한다. 금산리 마을에는 옛날부터 전해 내려오는 설화가 하나 있다. 마을이 위기에 빠질 때 번쩍이는 '은마銀馬, 은빛 말'를 탄 장군將軍이 홀연히 나타나 사람들을 구해 준다는 전설이다. 평온하던 마을은 전쟁 통에 혼란에 빠진다. 어느 날 밤 이야기 속 주인공 언례이혜숙는 마을 인근에 주둔하고 있던 미군에게 성폭행을 당한다. 이 사건으로 마을 사람들은 동정보다는 그녀를 멸시하며 따돌리고 심지어

불결하게 생각한다. 남의 집 일을 해 주며 근근이 남매를 키우는 20대 후반의 과부 언례는 수치심과 멸시로 죽고 싶은 심정이었지만 어린 자식들 때문에 죽지 못한다.

그러던 중 강 건너 가운데 섬 '중도'에 미군 부대가 진주하게 되고 그들을 따라 양색시들이 부대 주변에 기지촌을 형성하고 머문다. 생계가 막막한 언례는 최후의 수단으로 기지촌 내에 용녀김보연와 순덕방은희이 일하는 클럽에 나가며 생계를 이어 간다. 금산리 황 훈장전무송을 비롯한 마을 사람들은 언례가 양색시가 됐다는 사실에 더욱 불쾌해한다. 한편 인근 미군 부대로부터 파괴적이고 음란한 외부 문화가 유입하면서 수백 년간 지켜 오던 마을의 질서는 붕괴되기 시작한다. 어린아이들은 미군 부대 쓰레기장을 뒤지거나 전쟁놀이를 즐긴다. 그리고 아이들은 언례가 일하는 클럽 안을 훔쳐보는 것을 큰 재미로 삼는다. 이를 알게 된 만식이 마을 아이들의 행동을 저지하기 위해 수제 파이프 권

총을 사용한다. 이로 인해 만식은 두 손가락이 잘려 나가면서 혼절한다. 총소리에 미군이 출동하고 아이들의 소식을 듣고 마을 사람들이 몰려나온다. 잠시 후 손가락이 잘린 만식을 안고 나타난 언례와 마을 사람들이 심한 언쟁을 한다. 중공군의 개입으로 전황이 유엔군에게 불리해지면서 미군 부대가 철수하고 따라서 마을 사람들도 하나둘 피난을 떠난다. 언례와 아들 만식도 서로를 용서하고 이해하며 마을을 떠난다. 마을 사람들이 그토록 기다렸던 은마를 탄 장군은 끝내 나타나지 않는다.

은마는 오지 않았지만

금산리 사람들에게 '은마 탄 장군'은 곧 구원자 메시아와 같은 존재였다. 마을 사람들은 고난과 고통 속에 탄식했지만 장군은 나타날 기미가 보이지 않았다. 이 소설이 나왔을 때 '반응 없는 메시아, 은마'를 기독교의 메시아와 대비해 해석하는 글이 제법 있었다. 메시아론을 부정하는 이들은 메시아론이 은마처럼 전설일 뿐이라는 논리를 펴기도 했다. 하지만 사람의 시간과 하늘의 시간은 다른 법. 기다려도 오지 않는 은마를 기다리는 사람들의 마음과 로뎀나무 그늘 아래서 자신의 처지를 한탄한 성경 속 엘리야의 모습이 오버랩된다.

분명 한국전쟁 중 춘천 금산리 사람들에게 은마는 오지 않았다. 60여 년이 지난 금산리와 춘천의 오늘은 어떨까? 전쟁의 상흔도 두 세대를 넘기면서 '힐링healing'의 기운이 고조되고 있다. 마을을 쑥대밭으로 만들었던 소설과 영화 속의 이방 문화인 미군과 미군 부대는 이미 2005년 춘천을 떠났다. 춘천에 주둔하고 있던 미군 부대 캠프 페이지Camp PAGE는 지역사회에 긍정과 부정의 모습을 동시에 가져다주었다. 춘천은 중소도시치고는 비교적 국제화된 서구 문물을 빨리 받아들였다. 미군은 지역민들에게 영어 교육, 부대 내 교회 및 복지 시설 개방 등을 통해 지역사회에 밀착하려 노력했다. 그리고 자연재해가 발생하면 인력 및 장비 지원을 아끼지 않았다.

하지만 미군 부대는 지역사회에 부정적인 영향을 끼치기도 했다. 미군을 대상으로 하는 퇴폐 업소들이 일명 기지촌을 형성하며 영업을 했고 미군이 한국 여성을 성희롱하는 사건도 적지 않게 발생했다. 미군이 폭력 사건을 일으켜도 한국 경찰이 아닌 미군 헌병에 넘겨졌기에 이에 대한 불만도 적지 않았다. 그리고 미군 부대에서 비밀리에 각종 음란물과 군용 생필품 등이 빼돌려져 시내의 허름한 시장 뒷골목에서 유통되기도 했다.

미군이 떠난 자리

춘천 미군 부대는 지난 1983년 한중 관계에 있어 기념비적인 '중국 민항기 불시착 사건'이 일어난 곳이기도 하다. 이 사건으로 당시 적대 국가였던 한국과 중국은 처음으로 외교 협상 테이블에 앉았고, 서로를 '남조선'과 '중공'이 아닌 '대한민국'과 '중화인민공화국'으로 인정하면서 9년 뒤인 1992년 한중 수교의 물꼬를 텄다. 미군이 떠난 2005년 이후 춘천은 변화를 거듭하고 있다. 이제 더 이상 금산리를 비롯한 춘천은 외부로부터 유입된 이방 문화에 상처받고 고난을 당한 과거 속 공동체의 모습이 아니다. 더 이상 언례의 자화상, 폐쇄된 공동체 속 상처 받은 약자의 모습은 존재하지 않는다. 1950년 춘천. 사람들이 기다렸 던 은마는 오지 않았다. 하지만 지금 그때 그곳은 새로운 땅, 새로운 사 람들의 활기찬 움직임으로 가득하다.

한 치의 땅이라도 더 얻기 위한 치열한 몸부림
〈고지전〉

The Front Line
2011년 | 한국 | 감독 장훈 | 각본 박상연 | 제작실장 정원찬, 이대희
출연 신하균, 고수, 이제훈 | 제작 TPS컴퍼니 | 배급 쇼박스㈜미디어플렉스

6.25 한국전쟁을 소재로 한 영화들이 거의 다루지 않았던 '고지쟁탈전'을 다룬 영화 〈고지전〉은 휴전협정이 한창이던 1953년 2월부터 7월 27일 휴전 때까지의 치열했던 전선의 이야기를 그린다. "이 고지의 주인이 몇 번이나 바뀌었을 것 같냐? 아무도 모를 거야. 나도 한 30번까지는 셌는데 그러다 보면 누구라도 똑같은 생각을 하겠지"라는 영화 대사처럼, 〈고지전〉은 국가가 아닌 전쟁에 참여하고 있는 한 개인의 입장에서 전쟁을 적극적으로 묘사하는 동시에 감정의 소비 없이 전쟁의 본질을 집요하게 파헤쳤다.

6.25 한국전쟁은 대부분 이렇게 기술되며 사람들의 고통 어린 기억을 자극한다.

> 1950년 6월 25일 평온했던 일요일 새벽 4시 북한의 기습적인 남침으로……

기습적인 공격을 받은 국군은 낙동강 전선까지 밀렸다가 유엔군의 참전과 인천상륙작전으로 38선 이북으로 북진하였지만, 중공군의 참전으로 1951년 1월 다시 서울을 포기하고 후퇴하였다가 반격을 했다. 그리고 1951년 여름 교착 상태에 빠진 전쟁을 끝내기 위한 휴전회담이 시작되었다. 휴전회담은 마치 긴 마라톤과 같았다. 금세 타결될 것 같았던 휴전협정은 군사분계선의 설정, 휴전 감시 방법 및 그 기구의 설치, 전쟁 포로 처리 등의 문제로 밀고 당기며 2년의 시간을 보냈다. 전쟁의 당사자였던 한국은 휴전보다는 '북진통일'이 정부의 공식적인 방침이었기에 휴전회담에 미온적인 반응을 보였다. 1953년 7월 27일 체결된 '정전협정서'에도 유엔군, 북한군, 중공군 회담 대표들의 서명만 있을 뿐 한국군 측의 서명은 없다.

동부 최전방 애록 고지

영화 〈고지전〉은 난항을 거듭하고 있는 휴전 회담장을 비추며 시작한다. 휴전회담이 한창인 가운데 동부전선 최전방 '애록AEROK' 고지에서 전사한 중대장 기철진의 시신에서 아군의 총알이 발견된다. 상부에서

는 이번 사건이 적과의 내통과 관련되어 있다고 의심하고 방첩대 중위 강은표신하균에게 동부전선으로 가 조사하라는 임무를 내린다. 애록 고지로 향한 은표는 그곳에서 죽은 줄 알았던 친구 김수혁고수을 만난다. 수혁은 이등병에서 중위로 특진해 악어중대의 리더가 되어 있었고, 악어중대는 명성과는 달리 미심쩍은 부분이 많았다. 애록 고지 탈환 후 은표는 북한군이 후퇴하며 남겨 둔 북한 술과 북한군의 편지를 갖고 있는 악어중대원과 갈등을 빚는다. 이때 은표의 친구인 수혁은 그동안의 일들을 소상하게 말해 준다.

이야기를 들은 은표는 혼란스러워한다. 미궁에 빠진 전임 중대장 기철진 죽음의 진실, 은밀하게 진행되는 남북 병사들의 생필품과 편지 내통. 방첩대 장교이지만 그는 전선에서 섣부른 판단을 하는 것을 힘들어한다. 그러는 사이 은표 역시 다른 악어중대원들처럼 은밀한 내통에 무뎌지고 그 현장의 일원이 되기도 한다. 은표가 악어중대의 생활에 익숙해질 무렵 자신의 의견에 반기를 들고 단독 행동을 하는 악어중대원들을 못마땅해하던 중대장 유재호 대위는 작전 중 자신의 명령에 불복종하는 중사 오기영柳승수에게 사살 위협을 가하고, 그 순간 수혁은 망설임 없이 중대장을 쏴 버린다. 눈앞에서 벌어진 상관의 죽음, 이를 아무렇지도 않게 은폐하는 그들과 무표정한 수혁. 순식간에 하나가 된 중대 전체에 은표는 당혹감을 느낀다. 악어중대원들에게 중대장은 전투 현장에 대한 이해가 부족할 뿐 아니라 자신들을 사지로 몰아놓고 전공을 세우기에 바쁜 그런 사람일 뿐이었다.

중공군이 몰려오는 절박한 순간 은표는 중대를 지휘하는 수혁의 행동을 눈감아 준다. 탄약이 떨어져 몰살 위기에 처한 악어중대는 김수혁 중위와 신일영 대위의 지략으로 극적으로 탈출한다. 탈출 직후 수혁은 인민군 저격병에 의해 희생되고, 얼마 안 있어 휴전협정 조인 소식이 전장에 전해진다. 하지만 그것이 끝이 아니었다. 마지막 전투가 그들을 기다리고 있었다.

2년간의 휴전회담

판문점에서 2년간 휴전회담이 벌어질 동안 남북이 맞대고 있는 전선에서는 회담과 무관하게 전쟁이 계속되었다. 하지만 그 누구도 절대적인 우위를 차지하지 못하고 일진일퇴를 거듭했다. 당시 하늘의 제공권과 바다의 제해권은 유엔군이 장악하고 있었다. 또한 북한 연안의 섬들도 국군이나 반공유격대가 차지하고 이를 거점으로 유격 활동을 해도 북한군과 중공군은 섬을 다시 공격할 엄두를 내지 못했다. 하지만 육군에서는 우세를 점하기 어려웠다. 한반도는 산지가 많은 지형이어서 전차의 이동이 어려웠고 숨어 있는 적군을 폭격하는 데도 용이하지 않았다. 화력은 유엔군과 한국군이 앞섰지만 인해전술로 밀고 오는 중공군과 악으로 버티는 북한군의 기세가 팽팽히 맞서 쉽사리 전세를 가늠하기 어려울 정도였다.

한 치의 땅이라도 더 얻기 위한 치열한 싸움은 산악지대에서의 대규모 전투가 아니라, 고지를 뺏고 빼앗기는 고지전으로 이어진다. 사실 고지전은 고지 하나를 점령하는 것으로 끝나지 않는다. 고지 하나가 곧 반경 10~20km를 점령하는 것과 같은 의미를 가진다. 수시로 주인이 바뀐 고지전으로 인해 교착 상태에 빠진 전선은 더욱 예측 불가능한 혼돈으로 빠져들었다. 이 시기의 유명한 전투로는 백마고지 전투, 단장의 능선 전투, 피의 능선 전투 등이 있다. 그리고 휴전회담 기간 중 소모적인 고지 쟁탈전을 통해 남북의 젊은 병사 300만 명이 죽거나 다쳤다.

〈고지전〉 속 옥의 티

6.25 한국전쟁을 다룬 많은 영화가 그렇듯 영화 〈고지전〉에도 상황 설정에 관련한 여러 옥의 티들이 있다. 이 영화에서 주인공 강은표가 악어중대에 파견된 것은 전임 중대장 기철진의 의문사였다. 그것이 의문사로 여겨진 것은 기철진의 시신에서 '아군 지휘관용 권총탄'이 나왔기 때문이라는 것이었다. 그러나 당시는 탄환 한 발이 아쉬운 전시였고, 아군이나 적군은 상대에게서 노획한 장비를 암묵적으로 사용했다. 특히 북한군은 전투화가 너무 조잡해 빨리 망가지는 바람에 포로나 시체에서

© 〈고지전〉, 2011

노획한 미제 전투화를 선호했다. 그 때문에 북한군으로 변장한 김수혁이 신고 있던 미제 전투화 때문에 정체가 발각된다는 설정은 당시 상황과 거리가 있다. 적지 않은 북한군들이 이미 국군이나 유엔군의 전투화를 신고 있었기 때문이다.

그리고 이 영화 설정의 가장 큰 무리수는 정전 협정 발표 직전에 두고 벌어지는 최후의 고지전이다. 이 전투에서 악어중대는 북한군이 지키고 있던 애록 고지를 공격, 처절한 백병전을 벌이다가 미군의 오폭에 휘말려 강은표 혼자만 남기고 모두 전사한다. 그런데 정전협정이 발효되기 직전에는 그 어떤 전투도 없었다. 1953년 7월 27일 정전협정 조인 당시 유엔군 사령관이었던 마크 클라크 장군은 유엔군 부대에 협정이 조인된 27일 오전 10시부터 발효까지 12시간 동안은 군의 작전을 해군과 공군의 어떤 계획된 작전을 제외하고는 진지의 유지와 부대의 보존 상태를 확인하는 데 국한시킬 것을 명령했기 때문이다. 또한 6.25 한국전쟁 후반기의 고지전이 처절한 백병전으로 마무리된 경우는 적었다. 공산군이나 유엔군이나 부대가 전멸할 위기에 놓이면 무리하게 백병전을 벌이지 않고 빨리 후퇴해 전열을 재정비, 고지 재탈환을 노리는 것이 일반적이었다.

그들이 함께 부른 〈전선야곡〉

영화 〈고지전〉은 고증에 의한 리얼리티 구현에는 문제가 있었지만 많은 이들이 이 영화에 담겨 있는 시대의 아픔에 공감했다. 그동안 한국전쟁 관련 영화들은 주인공을 영웅주의로 그리면 반공으로, 영웅주의를 지우면 좌파로, 이도 저도 아니면 역사에 대한 회피로 비난받았다. 〈고지전〉은 한국전쟁의 성격을 적극적으로 끌어들이는 동시에, 감정의 소비 없이 전쟁의 본질을 집요하게 파헤쳤다. 이 영화에는 눈물을 자아내는 희생의 숭고함이나 승리의 기쁨 혹은 패배의 절망도 없다. 그저 살고 싶은 악어중대원들의 '현실의 갈망'만이 있을 뿐이다. 그것이 이 영화가 관객들에게 주는 '전쟁'과 '생존'에 관한 메시지이며, 그동안 6.25 한국전쟁에서 잘 다루어지지 않았던 〈고지전〉 속 젊은이들의 이야기다.

남북의 병사들은 시체로 가득한 애록 고지에서 반드시 서로를 죽여야만 살아남는다는 서글픈 확신을 갖고 전쟁을 이어 왔다. 이들은 전쟁의 마지막 순간 안개가 자욱한 애록 고지에서 최후의 일전을 앞두고 시대를 담은 노래 〈전선야곡〉을 함께 부른다. 안개가 걷힌 후 이들은 다시 총을 들었다. 단지 살아 돌아가기 위해, 이 순간이 지나면 마침내 가족과 다시 만날 수 있다는 희망을 갖고서 말이다.

> 가랑잎이 휘날리는 전선의 달밤
> 소리 없이 내리는 이슬도 차가운데
> 단잠을 못 이루고 돌아눕는 귓가에
> 장부의 길 일러 주신 어머님의 목소리
> 아 아 그 목소리 그리워
>
> — 신세영이 부른 〈전선야곡〉 中

최후의 증인
〈흑수선〉

The Last Witness
2001년 | 한국 | 감독 배창호 | 각본 배창호 | 프로듀서 김송현 | 출연 안성기,
이미연, 정준호 | 제작 ㈜태원엔터테인먼트 | 배급 ㈜시네마서비스

이념으로 갈라진 한반도에서 분단과 전쟁은 개인의 힘으로는 도저히 어찌할 수 없었던 역사의
큰 소용돌이였다. 그 소용돌이 속에도 사람과 사람 사이의 우정, 사랑, 배신, 복수가 담겨 있었
다. 영화 〈흑수선〉은 한국전쟁 포로와 포로수용소를 배경으로 한다. "황석 오빠는 천둥이 울리
고 폭풍이 불어와도 내가 쉴 수 있는 아늑한 나무 그늘과도 같은 존재였다", "지혜, 네가 이 세
상에 없는 거면 나도 없는 거야." 남녀 주인공은 이렇게 서로를 아끼며 사랑하지만 이념과 전쟁
은 그들을 의도하지 않았던 전혀 다른 선택을 하도록 만들었다. 〈흑수선〉엔 내가 살기 위해 남
을 희생시킨 것이 아닌, 너를 살리기 위해 나를 포기해야 했던 슬픈 이야기가 담겨 있다.

영화 〈흑수선〉은 반세기 동안 자신의 의도와는 다른 삶을 살아야 했던 사람들의 비극적인 운명에 관한 이야기다. 영화는 서울 한강에 한 노인의 시체가 떠오르며 시작한다. 그 시체는 1952년 당시 탈출 포로 검거 일을 했던 양달수이기영였다. 이 살인 사건을 맡은 오병호 형사이정재가 손에 쥔 단서는 현장에서 발견된 금속 안경테, 명함 조각, 그리고 양달수의 방에서 발견된 두 장의 사진이다. 오 형사는 사진 속 장소인 거제 옥천초등학교를 찾았고 거기에서 오래된 손지혜이미연의 일기장을 발견한다. 그리고 거제포로수용소를 둘러싼 비밀을 확인한다. 한국전쟁 당시 탈출 포로 검거 일을 했던 양달수는 남로당원 손지혜를 데리고, 어느 날 거제도에서 사라진다. 그리고 손지혜를 사랑하던 황석안성기이 비전향 장기수로 형을 살다가 최근에 출감했다는 사실을 알게 된다. 오 형사는 양달수의 피살 현장에서 발견된 안경테의 주인이 일본인 사업가 '마에다 신타로'임을 밝혀낸다. 그리고 빨치산 출신으로 손지혜와 함께 탈출하다 총살당한 것으로 기록되어 있는 한동주정준호가 일본에서 마에다 신타로로 새로운 인생을 살아가고 있음을 알게 된다.

1952년 당시 남로당 간부의 딸인 손지혜는 자의로 남로당에 들어가 흑수선이라는 암호명으로 포로수용소에서 친공 포로들의 탈출을 돕는 일을 맡고 있었다. 탈출대 대장인 한동주는 강만호강성진 등과 함께 탈출에 성공하지만 거제도 일대에 국군 수색대가 경계를 강화하는 바람에 인근 소학교로 피한다. 한동주는 땅굴을 파서 도주하려 하지만 강만호가 양달수에게 투항하며 탈출한 포로들의 은신처를 알려 준다. 국군의 소탕 작전으로 한동주, 황석, 손지혜를 제외한 모든 포로들이 전멸한다. 도피 과정에 붙잡힌 한동주는 소학교 동문인 양달수와 거래하

여 손지혜의 피신처를 알려 주고 자신은 총살당한 것으로 위장해 일본으로 도주한다. 한동주의 밀고에 의해 발각된 손지혜와 황석은 나란히 감옥에 갇힌다. 양달수는 손지혜에게 황석을 석방시켜 준다는 명목 아래 아버지의 유산을 자신에게 양도하고 자신과 동거하기를 제의한다. 황석만을 생각한 손지혜는 양달수의 제의에 응한다.

황석도 양달수의 말에 속아 손지혜의 모든 죄를 덮어쓰고 비전향 장기수로 49년간 복역하다 특별사면으로 풀려난다. 오 형사의 추적 끝에 양달수의 살인 용의자로 지목된 한동주는 자신이 진범이 아님을 밝히며 자살한다. 한동주가 죽은 이후 손지혜는 오 형사에게 범행의 동기를 설명하다 저격수의 총에 맞아 죽는다. 그리고 평생 그를 사랑했던 황석은 손지혜의 시신 앞에서 오열한다.

거제도 포로수용소

영화 〈흑수선〉의 배경이 되는 거제도 포로수용소는 1950년 국제협약인 '포로의 대우에 관한 1949년 8월 12일자 제네바 협약'에 따라 세워졌다. 포로수용소는 '포로들에게 위협이 없을 정도로 전투 지역에서 충분히 떨어진 지역에 소재한다'는 협약 규정에 따라 만들어졌다. 거제도에 포로수용소를 설치하기로 결정한 데에는 섬이라는 지리적 조건으로 포로 관리에 인력과 경비를 최소화할 수 있다는 점, 급수가 용이하다는 점, 포로들이 먹을 식량을 재배할 수 있는 장소가 있다는 점 등의 주요 고려 사항이 있었다. 포로 수용 규모는 처음에는 6만 명이었으나 나중에 22만 명 규모로 확대되었고, 최대 17만 명이 수용되기도 했다. 이렇게 거제도는 한국전쟁의 직접적인 전장은 아니었으나 포로수용소가 세워지며 후방 지역에서 가장 위험하고 문제 많은 곳이 되어 버렸다.

포로수용소는 처음에는 국군과 유엔군의 경비하에 포로자치제로 운영되었다. 하지만 휴전회담이 진전되면서 포로 송환 문제를 놓고 북한으로의 송환을 거부하는 반공 포로와 송환을 희망하는 친공 포로로 갈려 사사건건 대립해 결국에는 유혈 사태까지 일어났다. 포로의 전원 북송을 주장하던 친공 포로들은 수용소 내부에 조직을 만들어 소요 및 폭동 사건을 일으켰으며, 1952년 5월 친공 포로들이 수용소장 프랜시스 도드Francis Dodd 준장을 납치하는 이른바 거제도 포로소요사건이 일어나기도 했다. 이 사건을 계기로 세상의 눈과 귀가 한반도 남단 거제도에서 벌어지고 있는 포로들의 이념 전쟁에 주목하기 시작했다.

친공 포로에 대한 유엔군 쪽의 강력한 저지로 프랜시스 도드 준장이 구출되면서 사건은 매듭지어졌으나, 반공 포로와 친공 포로 간의 싸움은 더욱더 극렬해져서 마침내 따로 떼어 놓게 되었다. 1952년 8월까지 북한으로 송환을 희망하는 포로들은 거제도를 비롯하여 용초도·봉암도 등지로, 송환을 거부하는 포로들은 부산 등 타 지역으로 이송되어

ⓒ 〈흑수선〉, 2001

소규모로 분산되었다. 이후 1953년 7월 27일 정전협정이 조인된 뒤 거제도에 수용된 친공 포로들이 모두 북한으로 송환됨에 따라 자연스럽게 포로수용소도 폐쇄되었다.

북한에 잡힌 국군 포로들

그동안 우리가 알고 있는 한국전쟁 중 전쟁포로는 주로 거제포로수용소에 수용된 북한군과 중공군 이야기가 대부분이었다. 북한군 가운데에서도 친공 포로와 반공 포로 사이의 갈등이 포로 이야기의 주를 이루었다. 이들 대부분은 자유의사에 의해 전쟁 이후 자기가 갈 곳을 택했다. 한국이 자유민주주의 체제이니 가능했던 일이다. 그렇다면 북한에 잡힌 국군과 유엔군 포로에 대해 우리는 얼마나 알고 있을까? 1953년 7월 정전 이후 돌아오지 못한 국군 포로는 적지 않다. 이들은 한평생 북녘 땅에서 적성 분자 취급을 받았고, 이들의 자손들은 출신 성분의 제약으로 늘 뒤처져야 했다.

물론 휴전 이후 북한에서 국군 포로가 송환되지 않았던 것은 아니다. 휴전 이후 국군 귀환 포로는 8,343명, 북한군 귀환 포로는 7만 6,000명이다. 통일부에서 발간한 〈2012 북한 인권 백서〉에 따르면 북한에 억류된 국군 포로의 규모는 한국전쟁 중 실종된 것으로 신고된 행방불명자 4만 1,971명, 이 중 전사자를 제외하고 1만 9,409명으로 추정된다. 최종 송환된 국군 포로는 8,343명에 불과하며 다수의 실종자는 북한에 억류됐을 것으로 파악되고 있는 실정이다.

국방부는 그동안 일부 보도 자료를 통해 생존 국군 포로 송환을 위한 외교적 노력을 했다고 밝혔지만 송환을 위한 실질적 노력이나 성과는 찾기 어려웠다. 국군 포로의 북한 내 생존 사실은 1994년 故 조창호 중위의 귀환을 시작으로 알려지기 시작했다. 이후 북한 체제가 위기에 처하면서 국군 포로들이 제3국을 거쳐 한국으로 오기 시작했다. 지금까지 귀환한 국군 포로는 80명 선이다. 그리고 정확한 통계는 없지만 아직 수백 명의 국군 포로가 북한에 남아 있는 것으로 파악되고 있다.

사실 이들 대부분은 투철한 사상이나 신념에 의해서 북한에 남은 것이 아니며, 분단과 전쟁이라는 개인이 도저히 어찌할 수 없었던 역사의 큰 소용돌이에 휘말렸을 뿐이다. 그들은 영화 〈흑수선〉 속의 한동수처럼 생사의 갈림길에서 살아남는 것을 택했다. 그리고 손지혜처럼 현실적인 선택을 했으며, 황석처럼 어떤 체제든 상관하지 않고 그저 사람과 사랑을 위했을 뿐이다. 하지만 북한에 있던 국군 포로들은 남한의 북한군 포로보다 선택의 자유가 그리 많지 않았다. 그리고 40년 이상 그들은 북한에서는 하층민 그리고 그들이 목숨 걸고 싸웠던 대한민국에서 잊힌 존재, 아니 잊혀야 하는 존재로 살아야만 했다.

2

이름도 존재도 없었던 그들의 절규 〈실미도〉

멜로와 액션 사이 〈쉬리〉

의심과 의리 사이 〈의형제〉

두 개의 조국, 두 개의 신분 〈이중간첩〉

슈퍼돼지 가지러 왔수다 〈간첩 리철진〉

0.75평 안의 자유 〈선택〉

음모 속에 가려진 그들의 운명 〈베를린〉

버림받은 자의 분노 〈태풍〉

끝나지 않은
전쟁

이름도 존재도 없었던 그들의 절규
〈실미도〉

Silmido
2003년 | 한국 | 감독 강우석 | 각본 김희재 | 프로듀서 이민호
출연 설경구, 안성기, 허준호 | 제작 ㈜한맥영화, 플레너스엔터테인먼트㈜
배급 ㈜플레너스시네마서비스

일명 '박정희 모가지' 발언으로 알려진 1968년 1월 김신조를 비롯한 31명의 북한 124군 부대의 청와대 습격 사건은 한국 사회를 큰 충격으로 몰아넣었다. 박정희 정권은 이에 대응하기 위해 북파공작원 비밀부대인 684 부대를 창설하고 이들은 인천 인근 서해안 실미도에서 훈련받는다. 하지만 1970년대 들어 자유진영과 공산진영의 긴장이 완화되기 시작하면서 북파공작원을 양성하는 실미도 684 부대의 존재 가치는 급격히 약화된다. 이들의 이야기를 모티브한 영화 〈실미도〉에는 남북한의 대결 정치 아래서 살인 병기가 되어 버린 북파공작원들의 절규가 담겨 있다.

사람들에게서 잊혀진 1971년 북파공작원들의 '실미도 사건'은 1990년 대 후반 MBC 다큐멘터리 〈이제는 말할 수 있다 – 실미도 편〉으로 제작돼 세상에 조금씩 알려지기 시작했다. 그리고 강우석 감독이 2003년 소설 〈실미도〉를 바탕으로 우리 현대사의 가장 냉혹한 사건이면서 역사 속에서 지워져야 했던 실미도 사건을 영상을 통해 재현해 냈다.

데탕트 시대의 얼어붙은 한반도

사람들은 1960년대 후반~1970년대 중반의 시기를 가리켜 동서데탕트의 시대라 말한다. 데탕트détente는 프랑스어로 완화 · 휴식을 뜻한다. 제2차 세계대전 이후 미국 중심의 자본주의 진영과 소련 중심의 사회주의 진영을 양극으로 하는 냉전 체제가 수립되었으나 1960년대 말부터 변모의 조짐이 생겨났다. 서독과 일본의 급격한 성장, 중국과 소련의 분쟁 등으로 국제정치는 이데올로기보다 국가이익을 우선하게 되었다. 1967년 6월 미국은 '닉슨독트린'을 발표하고 긴장 완화 분위기를 조성하였다. 1972년 닉슨 대통령이 소련 모스크바와 중국 베이징을 방문함으로써 미 · 소 간의 데탕트가 실현되었다.

국제사회에서는 동서의 긴장 완화가 진행되고 있었지만 한반도의 남북 관계는 한국전쟁 이후 여전히 얼어붙은 상태였다. 당시 북한은 빠른 전후 복구, 높은 경제 성장, 1966년 잉글랜드 월드컵 8강 진출 등으로 북한 역사상 최대의 황금기를 누리고 있었고, 한국은 1960년대 박정희 정부의 강력한 리더십을 바탕으로 급속한 경제 성장을 거듭하며 북한을 추격하고 있었다. 긴장 속에서 경쟁을 거듭하고 있었던 남북한 사이에는 군사분계선을 사이에 두고 크고 작은 사건, 사고들이 셀 수 없이 일어났으며 간첩을 침투시켜 전후방을 교란시킨 사회적 혼란도 있었다. 1968년 1월 21일에는 북한 민족보위성 정찰국 소속의 무장게릴라 31명이 청와대를 습격하기 위해 서울 세검정고개까지 침투하였던 1.21사태가 일어났다.

그리고 1971년 서울 대방동에서 우리 군경과 정체 모를 특수부대원들과의 교전이 벌어졌다. 정부는 처음에는 이들을 무장공비로 발표했다가 나중에 인천 실미도에 있었던, 특수 임무를 띤 부대원들의 난동으로 정정했다. 이들을 '북파공작부대'라고 보도한 언론은 단 한 곳도 없었다. 당시 실미도에서 훈련 중이던 특수부대원들은 최정예 살인 병기가 되지만 한반도의 정세 변화로 3년여 만에 폐기되고, 억울함을 호소하기 위해 탈취한 시내버스로 청와대로 향하다가 최후를 맞았다. 살아남은 4명의 대원은 이듬해 사형을 당했다. 그 후 특수부대의 존재는 세상 속에서 자취를 감추었다.

실미도 684 부대

영화 〈실미도〉는 1968년 1월 21일 북한 124군 부대의 청와대 습격사건으로 시작한다. 이 사건으로 생포된 김신조의 '박정희 모가지' 발언은 한국 사회를 충격으로 몰아넣었다. 이 장면과 함께 영화는 주인공 강인찬설경구 살인미수 사건을 보여 준다. 강인찬은 월북한 아버지 때문에 연좌제에 걸려 사회 어디에서도 발붙일 수 없었고 결국 그가 선택한 곳은 어둠의 폭력 세계였다. 사형이 언도된 강인찬은 인천의 외

ⓒ 〈실미도〉, 2003

딴 부둣가로 끌려간다. 그리고 인찬은 상필정재영, 찬석강성진, 원희임원
희, 근재강신일 등 강제 차출된 31명과 함께 서해안의 외딴섬 실미도로
들어간다. 영화 속 북파 특수부대는 이렇게 창설된다. 국가 권력의 동
원에 의해 군인 아닌 군인이 된 이들 31명 앞에 684 부대장인 김재현
준위안성기가 나타난다.

　684 부대는 냉철한 조 중사허준호의 인솔하에 혹독한 지옥훈련을 시
작한다. 그들은 인민군 말투에 인민군가, 인민군 제식훈련 등 철저하게
인민군식 훈련을 받는다. 실제 사격과 단체 구타, 인간의 한계에 도전
하는 지옥훈련을 통해 단 3개월 만에 북파 가능한 인간병기가 되었다.

하지만 육지의 상황은 실미도 부대를 창설할 때와는 전혀 다르게 돌아가고 있었다. 국제사회는 이념 갈등에서 벗어나 화해를 모색하기 시작했고 남북한 관계도 은밀한 곳에서 대화가 이루어지기 시작했다.

북파 공작을 위해 의욕적으로 만든 실미도 부대는 어느덧 애물단지가 되어 가고 있었다. 설상가상으로 중앙정보부장이 교체되면서 '구시대의 유물'이자 '유령부대'가 된 실미도 684 부대를 제거하라는 상부의 명령이 떨어진다. 차마 684 부대를 자기 손으로 제거할 수 없었던 김재현 준위는 관련 정보를 684 부대의 리더인 강인찬에게 슬쩍 흘리게 되고, 실미도 684 부대원들은 자신들의 뜻을 실미도 밖의 세계에 전하기 위해 탈출을 감행한다. 단 10여 분 만에 기간병들을 제압하고 실미도를 접수한다. 그리고 684 부대원들은 이렇게 되뇐다.

"처음부터 그랬던 거예요. 처음부터… 아무도 모르게 써먹고 아무도 모르게 없애 버릴 계획이었던 거야."
"지금 평양 가서 김일성 모가지 따 와도 우리 어차피 죽을 목숨이라는 것 아냐."
"죽는 건 좋다 이거야. 그런데 내 무덤에 내 이름 석 자도 새길 수 없다는 거잖아. 죽더라도 국립묘지에 묻힐 줄 알았는데…."
"우리가 최고? 누가 알아주는데… 다 죽여 버리고 없던 일로 만들어 버리겠다는 그 녀석들이…."
"모르면 우리가 가르쳐 주러 갈 수도 있어…."

684 부대원들은 자신들의 뜻과 의지를 알리고자 실미도를 떠난다.

그리고 인천으로 상륙, 송도 외곽에서 버스를 탈취해 서울로 향한다. 전군 비상경계령이 발동된 가운데 이들은 교전 끝에 대방동 유한양행 앞에서 자폭이라는 최후를 선택한다.

북파공작원 그들의 세계

영화 〈실미도〉는 1968년 창설된 '실미도 684 부대'에 관한 영화이며, 영화 속 훈련병들의 출신 성분이나 상황 설정이 과거 혹은 현재의 북파공작 부대나 북파공작원의 모든 것을 이야기하지는 않는다. 684부대는 북파공작원의 작은 일부분일 뿐이다. 한국전쟁 이후 북파공작원들은 계속된 남북 대치 상황 속에 소리 없는 전쟁을 치렀다. 국가의 부름에 응했던 이들에게 돌아온 건 훈장이 아니라 사회적 편견과 육체적, 정신적 고통이었다. 그리고 비밀 엄수를 이유로 그동안 자신이 했던 일들을 철저히 함구해야 하는 침묵의 삶을 살아야 했다.

중앙일보 2013년 9월 29일 자 기획 기사 '[현장 속으로] 돌아오지 못한 북파공작원 7,726명'에 따르면 국가 권력은 주로 신체 건강하고 환경이 어려운 고교생이나 20대 초반 청년들을 타깃으로 '김일성의 목을 따는 특수부대가 생기는데 죽으면 집안을 일으키고, 살아 돌아오면 거액을 챙길 수 있다'는 제안을 했다는 점을 알 수 있다. 모집된 부대원들은 혹독한 특수훈련을 통해 몸을 단련하고 북파되었다. 첩보 수집의 경우 단독 또는 2인 1조를 이뤄 휴전선을 뚫고 들어가 북한군의 새로운 시설이나 장비를 촬영하거나 관측하고 돌아오는 일이 주 임무였고, 무장 임무는 10~20명의 팀이 들어가 주요 시설을 폭파하거나 노동당

ⓒ 〈실미도〉, 2003

이나 군부의 고위 인사를 테러하는 게 핵심이었다. 물론 생포 시 보안을 위해 군번이나 계급은 없었다. 이렇게 북파되어 돌아오지 못한 공작원이 7,726명이라고 한다.

북파공작원들의 국가

북한에서 작전 중 사망한 공작원들은 그 시신이 고향땅에 돌아올 수도 없었다. 북한은 군사정전위를 통해 '남측 인원이니 송환하겠다'고 집요하게 제안해 왔다고 한다. 하지만 우리 정부 입장에서는 시신 송환은 곧 북파공작원의 존재를 인정하는 셈인 것이다. 이때 우리 군은 "북측의 자작극"이라며 시신 인수를 거절했다. 사살된 남파공작원에 대해 그 존재를 인정할 수 없는 건 북한도 마찬가지였다. 국가를 위해 목숨바쳐 일했지만 살아남은 이들에게 돌아온 건 멸시와 편견뿐이었다. 북파공작원은 주로 사형수나 무기수라는 소문은 이들을 괴롭혔다. 제대로 취업이 될 리 없었다. 친구나 이웃도 이들을 피했다. 경찰서 보안 담당 형사의 감시 대상이 되었고, 해외여행도 제대로 하기 힘들었다. 국가를 위해 일했지만 국가 권력은 그에 맞는 대우를 해 주지 못했고 이웃들은 이들을 외면했다. 시간이 흘러 세상이 이들에게 귀를 기울이면서 얼었던 마음이 조금이나마 녹기 시작했다. 과연 북파공작원에게 나라와 조국은 어떤 의미였을까?

멜로와 액션 사이
〈쉬리〉

Swiri
1999년 | 한국 | 감독 강제규 | 각본 강제규 | 각색 박제현, 백운학,
전윤수 | 프로듀서 이관학, 변무림 | 출연 한석규, 최민식, 송강호, 김윤진
제작 ㈜강제규필름

강제규 감독의 영화 〈쉬리〉는 개봉과 함께 폭발적인 반응을 얻었다. 〈타이타닉〉의 한국 관객
수를 돌파하며, 당시로서는 최고의 기록인 6백만 명의 관객을 동원했다. 이를 두고 언론은 쉬
리가 타이타닉을 침몰시켰다고 표현하기도 했다. 10억 원 안팎으로 영화를 제작하던 당시,
30억 원의 제작비와 80회의 촬영 회차는 실로 파격적인 수준이었다. 〈쉬리〉를 계기로 한국
영화계는 자신감을 얻었다. 강제규필름이 수많은 기획회의와 시나리오 집필 과정을 통해 탄생
시킨 〈쉬리〉는 기존 분단영화와 달리 멜로와 액션 라인이 적절히 조화를 이룬 작품이다.

영화 〈쉬리〉가 개봉한 1999년은 김대중 정부의 대북 포용 정책이 한창 꽃을 피우고 있었다. 1998년 가을에는 금강산 관광이 이루어졌고 1999년 초에도 각종 대북 지원 및 교류에 대한 논의들이 진행되고 있었다. 이러한 와중에 쉬리의 개봉은 사람들의 많은 관심을 불러 일으켰다.

영화 〈쉬리〉

영화 〈쉬리〉는 북한 특수 8군단의 혹독한 훈련 장면에서 시작한다. 그리고 한국 정보기관의 모니터 화면에는 요주의 인물인 특수 8군단 요원 이방희의 잔인한 모습이 잡힌다. 이방희의 추적을 담당하고 있는 국가 일급 비밀정보기관 O.P의 특수비밀요원은 유중원한석규과 그의 동료 이장길송강호이다. 남북 관계가 한창 화해 무드로 가고 있던 어느 날, 무기 밀매상 보스 임봉주가 유중원과 이장길에게 뭔가 중요한 제보를 제공하려고 이동하던 중 무참히 저격당하는 사건이 발생한다. 유중원은 직감적으로 특수 8군단 소속 최고의 저격수 이방희가 다시 나타났음을 감지한다.

유중원과 이장길은 죽은 임봉주의 배후를 조사하는 과정에서 이방희가 임봉주를 통해 국방과학기술연구소에서 개발한 신소재 액체폭탄 CTX를 확보하려 했다는 것을 알아낸다. 곧바로 연구소로 향하지만 이미 이방희는 한발 앞서 담당 연구원을 살해한 뒤였다. 한편, 북에서 남으로 침투한 박무영최민식과 특수 8군단의 정예요원은 군단사령부로 이송 중이던 CTX를 탈취하는 데 성공한다. 유중원은 탈취범이 10여 년 전 리비아 비행기 피랍 사건 진압 당시 자신과 대결을 벌였던 그 박

ⓒ 〈쉬리〉, 1999

무영임을 알게 된다. O.P의 주요 정보들이 외부로 은밀히 유출되고 있음이 포착되면서 O.P 내 첩자가 있다는 의혹이 일면서 서로가 서로를 의심하게 된다.

유중원은 그동안 연인 이명현김윤진에게 자신이 정보요원인 것을 감추고 살았다. 유중원은 이명현에게 여행 약속을 남기고 이방희의 행적을 뒤쫓는다. 그리고 고국장윤주상과 이장길에게도 거짓 정보를 흘리며 독자적인 작전을 개시한다. 한편 이때 남북 친선 축구대회에 참관을 위해 북의 최고지도자가 남한에 오고 박무영과 특수 8군단 대원들은 북한 강경파의 시나리오에 따라 탈취한 CTX를 축구장에 설치해 남북의 지도자를 암살할 계획을 세운다. 애인 이명현에게 수상한 점을 느낀 유중원은 이명현이 성형 수술을 한 이방희라는 것을 알게 된다. 동료인 이장길 역시 이명현의 수족관을 통해 들어온 어항 속 쉬리에 도청 장치가 들어 있는 것을 발견하고, 잠적한 이방희가 이명현임을 알게 된다. 이장길은 이명현의 수족관을 찾아갔다가 박무영의 총에 맞는다. 한발 뒤에 수족관을 찾은 유중원은 이장길이 손에 쥔 남북축구 경기표를 보고 암살 음모가 있을 것이라 직감하고 축구장으로 향한다. 이윽고 축구경기장 변전실에서 유중원은 박무영과 그의 부하들과 만난다.

> 유중원 : 착각하지마 박무영. 통일을 원하는 것은 니들만이 아니야. 아직은 인내를 갖고 기다려야 할때야.
>
> 박무영 : 우리의 소원은 통일, 꿈에도 소원은 통일… 니들이 한가롭게 그 노래를 부르고 있을 그 순간에도 우리 북녘의 인민들은 못 먹고 병들어서 길바닥에 쓰러져 죽어가고 있어… 새파란 우리 인민의 아들딸들이 국경 넘어 매춘부 굴에서 단돈 100달러에 팔리고 있어. 굶어죽는 지 새끼의 인육마저 뜯어 먹는 그 애미 그 애비를 너는 본적이 있어? 썩은 치즈에 콜라 햄버거를 먹고 자란 니들이 알 리가 없지. 축구로 남북한이 하나가 되자고? 개수작 떨지 마라. 지난 50년 동안 속고 기다린 것으로 족해. 이제 조선의 새 역사는 우리가 다시 연다.

경기장에 켜 놓은 라이터 열기에 CTX가 가열돼 폭발이 가까워 왔을 때 북한 8군단 대원들과 O.P 대원들 간에 총격전이 벌어진다. 박무영을 비롯한 8군단 대원들은 사살되고 라이트 전원이 꺼지며 CTX는 다시 원래의 상태로 되돌아간다. CTX 폭발이 실패하자 이방희는 남북 정상 암살을 위해 움직이지만 결국 O.P대원에게 포위된다. 이 과정에서 유중원과 이방희는 서로에게 총구를 향하고 끝내 유중원은 이방희에게 총을 발사한다. 모든 상황이 종료되고 시간이 흐른 후 유중원은 이방희가 도용했던 원래의 이명현을 다시 찾아 제주도로 간다. 그리고 이명현, 아니 이방희가 좋아하던 노래를 같이 듣는다.

아름다운 외모의 북한 공작원

영화 〈쉬리〉 속 북한 공작원인 이명현의 미모는 아름답다. 간첩, 공작원 하면 떠오르는 이미지인 흉측하고 포악한 것과는 거리가 있다. 오히려 이명현의 세련된 이미지는 관객들로 하여금 뭔가 안타깝게 만들고 왠지 모를 애틋함을 자아낸다. 흔히 미인을 이용하여 사람을 꾀는 전략을 미인계美人計라고 한다. 역사상 수많은 미인계 전략이 있어 왔고 그 미인계를 통해 세상의 역사가 바뀐 경우도 많다. 오죽하면 프랑스 철학자 파스칼은 '클레오파트라의 코가 3mm만 짧았다면 지구의 얼굴은 변했을 것'이라고 했겠는가?

남북관계에서도 외모는 상대방의 관심을 불러 모으는 코드로 활용되어 왔다. 대표적으로 2002년 부산 아시안게임과 2003년 대구 유니버시아드대회에 왔던 북한 미녀 응원단이 그러하다. 시간이 꽤 흘렀지만 누가 금메달을 땄는지 기억은 못 해도 미녀 응원단이 와서 나름 관심을 끌었던 것은 대부분 기억한다. 당시 북한은 응원단이라는 일종의 미인계를 통해 한국의 대중심리에 접근을 한 셈이다.

그리고 사람의 외모는 전혀 의도하지 않게 사람들의 마음을 사로잡기도 한다. 그 대표적인 사건이 바로 1987년 대한항공 858기 폭발 사건이다. 1987년 11월29일. 이라크 바그다드를 출발해 서울로 향하던 대한항공 858편 보잉707기가 미얀마 근해 안다만 해역 상공에서 폭발음과 함께 사라졌다. 기내에는 중동에서 귀국하던 해외근로자 93명과 외국인 승객 2명, 그리고 승무원 20명 등 모두 115명이 탑승하고 있었다. 그 사고로 탑승자 전원이 사망했다.

사건 발생 이틀 만인 12월 1일 사고 비행기에 일본 국적 요주의 인물 두 명이 탑승했었다는 사실이 밝혀졌다. 문제의 두 일본인은 일본 여권을 위조한 북한 공작원 김승일과 김현희로 이들은 비행기에 시한폭탄을 설치한 후 중간기착지인 아부다비에서 내려 탈출 경로를 따라 이동 중이었다. 오스트리아 빈으로 도주하려던 김승일은 바레인 공항에서 위조여권이 적발돼 체포되기 직전 독약이 든 캡슐을 깨물고 현장에서 자살했다. 김현희 또한 음독자살을 시도했지만 실패하고 현지 경찰에 의해 체포되고 말았다. 그리고 김현희는 서울로 압송되었으며 1988년 1월 15일 기자회견을 통해 "북한의 지령을 받고 88올림픽을 방해하고 남한 내 계급투쟁을 촉발할 목적으로 대한항공 858기를 폭파했다"고 말했다.

그런데 기자회견에 나온 북한 공작원 김현희에 대한 사람들의 반응은 이전의 북한 간첩을 대하는 그것과 좀 달랐다. 당시 25살이었던 김현희의 외모가 연예인 못지않게 아름다웠기 때문이다. 김현희를 보면 탤런트 유지인 씨의 젊은 시절이 연상된다고 평하는 사람들이 많았다. 또한 북한의 엘리트 집안 출신에 평양외국어대학에서 일본어를 전공한 재원이라는 사실이 알려지면서 꽃다운 20대 여성을 테러 공작원으로 만드는 북한에 대한 비판과 함께 일각에서는 김현희에 대한 동정론

ⓒ 〈쉬리〉, 1999

도 일었다. 김현희의 옷차림과 말투는 이내 사람들에게 회자되기 시작
했으며 코미디 소재로 활용되기도 하고 김현희를 다룬 영화가 제작되
기도 했다. 심지어 김현희와 결혼하게 해 주면 그를 잘 보살펴 좋은 길
로 인도하겠다는 민원 아닌 민원도 접수되기에 이르렀다. 한국 사회가
북한 간첩이나 공작원에게 이렇게 관심을 가진 것은 없었다. 그것도
비판이나 부정적인 것이 아닌 동정이나 우호적으로 말이다. 아마도 김
현희가 젊고 아름다웠기에 가능했을 것이다.

한국 사회가 만든 김현희

김현희는 대한항공기 폭발 사건 발생 3년 만인 1990년 3월 대법원에서
사형을 선고받았지만 판결 보름 만에 특사로 풀려났다. 북한의 날조 주
장을 반박할 유일한 생존자라는 것이 그 이유였다. 이후 1997년 국정원

직원과 결혼해 가정을 꾸려 삶을 이어가고 있다. 만약에 당시 김현희가 여성이 아니고 남자였다면 그리고 외모가 출중하지 않았으면 어떻게 되었을까? 분명 국민들의 관심의 정도는 달랐을 것이고 체포된 테러공작원에 대한 처우도 김현희가 받았던 것과는 달랐을지도 모른다.

김현희는 그동안《사랑을 느낄 때면 눈물을 흘립니다》,《이제 여자가 되고 싶어요》등의 책을 출간하며 대한한공기 폭파 사건 이전과 이후의 삶에 대해 이야기했다. 책의 제목들처럼 김현희는 북한 공작원의 굴레를 벗고 한 명의 여성으로서 사랑하는 가족들과 소소하게 살아가고 있다. 어쩌면 이것은 영화 〈쉬리〉 속 북한 공작원 이명현 아니 이방희가 국정원 요원 유중원을 사랑하며 잠시나마 품었던 그 마음이었는지도 모른다.

> 중원 씨 내 앞에 나타나지 마. 중원 씨와 같이 있었던 지난 1년. 그게 내 삶의 전부야. 그 순간만큼은 이명현도 이방희도 아닌 그냥 나였어.
>
> — 이명현이 유중원에게 보낸 마지막 음성 메시지

의심과 의리 사이
〈의형제〉

Secret Reunion
2009년 | 한국 | 감독 장훈 | 각본 장민석 | 각색 김주호, 최관영, 장훈 | 프로듀서
송명철 | 출연 송강호, 강동원, 전국환 | 제작 쇼박스㈜미디어플렉스,
루비콘픽처스㈜, ㈜다세포클럽 | 배급 쇼박스㈜미디어플렉스

한국 사회에서 간첩이란 말만큼 경계심과 두려움을 자아내는 단어는 없다. 한국 사회에도 그
동안 적지 않은 간첩과 간첩단 사건이 있었다. 이들의 활동은 각종 정보 수집에서부터 요원 암
살까지 다양하다. 그리고 사람들은 이들의 위협적이면서도 대담하고 비밀스러운 행동에 궁금
증과 호기심을 갖고 있기도 했다. 영화 〈의형제〉는 그동안의 간첩 소재 영화화는 달리 마지막
부분에 가족을 이야기한다. 간첩들 역시 가족이 있고 감정이 있는 사람이라는 점. 그리고 가
장의 어깨가 무겁다는 점에서 남과 북의 남자들은 다르지 않다.

장훈 감독의 영화 〈의형제〉는 기존 간첩 영화와는 달리 북으로부터 버림받은 간첩, 남한에서 생존을 위해 일을 해야 하는 생계형 간첩의 이야기를 시대 상황에 맞추어 풀어내고 있다. 영화의 시작은 여느 첩보 스릴러물과 같다.

한 가족의 가장이자 간첩

영화 속 현재의 이야기가 시작되기 6년 전 서울 한복판. TV에서 가수 남궁옥분의 노래 '재회'가 흘러나오자 두 남자의 발걸음이 빨라진다. 한 남자는 북한을 등지고 전향한 인사를 암살하기 위해, 다른 한 남자는 그 간첩을 잡기 위해 움직인다. 그러나 일을 처리하지 못한 남파 공작원 송지원강동원은 조직으로부터 버림받고, 남파 공작원 검거에 실패한 이한규송강호도 국정원에서 파면당한다.

그리고 6년 후, 이한규는 흥신소를 운영하며 생계를 이어 나간다. 어느 날 한 건축공사장에서 6년 전에 놓친 남파 공작원 송지원과 조우한다. 둘은 첫눈에 상대를 알아보지만 서로의 정보를 빼내려고 신분을 숨긴다. 이한규는 그를 이용해 간첩단을 잡아 포상금을 얻을 생각을 하고, 송지원은 그를 활용해 생계를 꾸리며 북에 돌아갈 준비를 하고 싶어 한다. 이후 그 둘의 숨 막히는 심리전이 시작된다. 아직도 이한규를 국정원 요원인 줄 알고 있는 송지원은 그의 일거수일투족을 북에 보고하고 그의 동태를 주시한다. 이한규 역시 송지원이 다른 간첩단과 연락하기를 기다리며 검거 시기를 노리고 있다.

하지만 이한규는 송지원을 추적하던 중 그가 북에 의해 버림받았다

ⓒ 〈의형제〉, 2010

는 것을 알게 되고 자신과 비슷한 처지의 그를 보며 연민의 정을 느낀
다. 결국 이한규는 처음부터 송지원을 그런 목적으로 불러들였다는 것
과, 자신의 처지에 대한 모든 것을 털어놓는다. 서로 의심의 골은 깊지
만 시간이 흐르면서 두 사람은 '의형제'처럼 가까워진다.

그러던 어느 날 송지원과 함께 일하던 공작원이었던 암호명 '그림
자'가 남한으로 내려와 마지막 기회라며 송지원에게 작전을 지시한다.
같은 시각, 국정원 요원들은 송지원과 그림자를 추적한다. 송지원의 시
계에 위치추적 장치가 있다는 사실을 알게 된 이한규는 송지원을 찾아
가 빨리 시계를 버리라고 말한다. 그러나 그 옆에 있던 그림자가 이한
규를 총으로 쏘려는 순간 송지원은 어쩔 수 없이 이한규를 살해하는
시늉을 낸다. 마지막 지시였던, 전향한 남파공작원에 대한 암살 지시를
송지원이 따르지 못하자 그림자가 직접 행동에 옮긴다. 그리고 그림자
가 송지원을 제거하려 하지만 의형제 이한규가 죽음을 무릅쓰고 송지

원을 구해 낸다. 이후 이한규는 간첩을 잡은 공로로 거액의 현상금을 받고 다시 정보요원의 일상으로 돌아간다. 어느 날 이한규에게 '영국에 있는 가족들이나 만나라'는 송지원의 편지와 함께 런던행 비행기 티켓이 배달되고, 가족들을 만나러 가는 이한규는 비행기에서 송지원과 그의 가족을 발견하고 웃음을 터뜨린다.

분단이 만들어 낸 경계와 두려움의 대명사, 간첩

한국 사회에서 간첩이란 말만큼 경계심과 두려움을 자아내는 단어는 없다. 간첩은 분단 시대에 살고 있는 우리에게는 자연스러운 단어이지만 같은 한자문화권인 중국과 일본 사람들에게는 그리 익숙하지가 않다. 間諜간첩은 間간과 諜첩의 합성어로 두 글자 모두 스파이를 의미한다. 間은 門 틈 사이로 빛日이 새어 들어오고 있는 모습에서 '사이 → 사이를 엿보다 → (엿보는) 첩자' 등을 뜻한다. 諜첩은 言말씀 언과 枼목간조각 엽의 합자이다. 목간조각은 곧 牒첩이고 牒은 명부 또는 관청의 공문서를 의미한다. 명부나 공문서는 적의 입장에서는 매우 중요한 정보이다. 따라서 諜첩은 나라의 정보牒를 적에게 발설하여言 넘겨주는 이인 간첩을 뜻한다.

간첩이란 말이 적지에 잠입해 동정이나 정보를 정탐하는 사람을 가리키게 된 것은 춘추 시대 손무가 쓴 《손자병법》부터이다. 《손자병법》에는 다섯 가지 간첩이 나온다. 첫째 연줄이나 동향을 이용, 적정敵情을 탐지하는 인간因間, 둘째 적의 관리를 포섭, 간첩으로 이용하는 내간內間, 셋째 적의 간첩을 역이용, 아군 간첩으로 쓰는 반간反間, 넷째 목숨

ⓒ 〈의형제〉, 2010

을 걸고 적지에 잠입, 허위 정보를 주는 사간死間, 다섯째 사간처럼 적지에 잠입, 용케도 생환해 적정을 보고하는 생간生間 등이다. 사실 분단국가에서 간첩을 심어 놓지 않는다는 것은 거짓말이다. 독일만 봐도 1974년 서독 총리 빌리 브란트를 사임하게 한 그의 동독 간첩 출신 비서 군터 기욤 사건 있었다. 비서 기욤은 미국 대통령 리처드 닉슨이 브란트에게 보낸 북대서양조약기구NATO의 핵 전략에 관한 친서들까지 포함된 비밀문서들을 통째로 동독에 넘겨줬다.

한국 사회에도 그동안 적지 않은 간첩과 간첩단 사건이 있었다. 이들의 활동은 각종 정보 수집에서부터 요원 암살까지 다양하다. 그리고 사람들은 이들의 위협적이면서도 대담하고 비밀스러운 행동에 궁금증과 호기심을 갖고 있기도 했다. 그래서 남북관계를 다룬 영화 중에 '간첩'을 소재로 한 영화가 적지 않다. 그동안의 간첩 소재 영화들은 주로 긴박한 상황 속에 남북이 대결하고 갈등하는 구도를 그리고 있었다.

적어도 2010년 영화 〈의형제〉가 나오기 전까지 그랬다.

엘리트 간첩, 정수일 이야기

간첩은 액션 영화 속 스파이처럼 건장하고 싸움 잘하는 사람만 있는
것은 아니다. 한 편의 드라마와 같은 간첩 이야기들 중에 1996년에 적
발된 '교수 간첩 무하마드 깐수 본명 정수일 사건'이 있었다. 1996년 7
월 국가안전기획부현재 국가정보원는 "단국대 무하마드 깐수 교수가 간첩
혐의로 체포됐다"고 밝혔다. 그는 몇 년 전부터 언론의 스포트라이트
를 한 몸에 받던 특급 스타 학자였다. '레바논 출신' 역사학자로 책 '신
라-서역 교류사'를 내놓아 학계에 신선한 충격을 던졌다. 그동안 깐수
가 이야기해 왔던 '필리핀 태생', '아랍인 학자'는 처음부터 거짓말이었
다. 원래 이름이 정수일인 깐수는 함경도에서 북간도로 흘러간 유랑민
의 아들로 중국 옌벤에서 태어나 베이징대학을 졸업했다. 중국에서 25
년, 북한에서 15년을 살았고, 다른 나라에서 10여 년을 보내며 국적을
세탁한 뒤 1984년 한국에 들어왔다. 남파 간첩 깐수는 선거 정세 분석,
군사 장비 도입 같은 수집 정보를 주로 호텔의 팩스를 이용해 북에 보
고했다. 그는 북한 조선로동당 대외정보조사부의 지시를 받고 있었다.

국가보안법 위반죄로 구속된 깐수는 1997년 서울고등법원에서 징
역 12년, 자격정지 12년을 선고받았다. 2000년 여름 형 집행 정지로
풀려나 2003년 사면·복권됐고 대한민국 국적까지 얻었다. 2007년에
는 보호관찰처분을 벗었다. 재판부는 "자유민주주의 체제에서 생활체
험을 통해 전향의사를 명백히 하면서 잘못을 뉘우친 점", "출소 후 제반

의무를 성실히 이행하며 안정적인 생활을 유지하고 있는 점"을 인정했다. 오랜 생활 국적을 세탁하고 아랍인 '무하마드 깐수' 행세를 하던 간첩 생활을 청산하고 대한민국 국민 정수일로 다시 태어났다.

정수일은 이후 연구에 매진, 80세가 가까운 나이에 14세기 아시아를 두루 여행하고 책을 쓴 이탈리아 수사修士 오도릭의《동방기행》을 번역 출간하기도 했다. 사실 정수일 박사는 동양어 7종과 서양어 5종을 자유롭게 구사하고 꿈도 아랍어로 꿀 정도의 언어 실력을 갖고 있으며, 국내 동서 문명 교류사와 아랍 이슬람학 분야에 있어서 타의 추종을 불허하는 대가이기도 하다. 만약 분단이 없었다면 정수일은 연구에 더욱 매진해 지금보다 진일보한 세계적인 문화인류학자가 되었을지도 모른다. 이렇듯 분단은 사람의 삶을 힘들게 하고 아픔을 주었다.

그들에게도 가족이 있다

1996년 교수 간첩 깐수가 체포될 당시 같이 살던 깐수의 아내도 남편이 남파 간첩이라는 걸 까마득히 모르고 있었다. 정수일의 이름을 되찾고 교도소에서 틈나는 대로 아내에게 글을 썼다. "나를 잊어주오"라는 절규를 아내는 "당신을 기다리겠다"는 사랑으로 감쌌다. 이 옥중 편지들은 2004년에 책《소걸음으로 천리를 가다》로 출간되기도 했다. 정수일은 이 책에서 간첩 활동을 위해 아내를 속였던 과거를 참회했으며 아내에 대한 사랑을 정갈한 문체로 표현했다. 어쩌면 정수일에게는 이념, 혁명, 간첩이란 단어보다 가족 간의 사랑과 학문에의 열정이 더 운명적일지도 모른다. 거창한 이념의 수레바퀴 속에 놓여 있는 것이 현

ⓒ 〈의형제〉, 2010

실이지만 돌아서면 누구의 남편이요, 스승이었다. 그것은 '사랑'이라는 사람의 가장 기초적인 감정과도 맞닿아 있다. 결국 정수일 역시 돌아가야 할 곳은 바로 가족이었고 가족과 같았던 학계였다.

영화 〈의형제〉 역시 마지막 부분에 가족을 이야기한다. 간첩들 역시 가족이 있고 감정이 있는 사람이라는 점에서는 다르지 않다. 영화 〈의형제〉는 분단 역시 결국 그 속에서 살고 있는 소소한 사람들 사이의 이야기라는 것에 초점을 맞춘다. 이 영화는 간첩들의 안타까운 처지를 보여 주는 데 주력한다. 가장의 어깨가 무겁다는 점에서 남과 북의 남자들은 다르지 않다. 영화 〈의형제〉 속 이한규와 송지원도, 그리고 현실 속의 교수 간첩 깐수 정수일도 다 마찬가지였다.

두 개의 조국, 두 개의 신분
〈이중간첩〉

Double Agent
2003년 | 한국 | 감독 김현정 | 각본 심혜원 | 각색 백승재, 김정행, 김연실,
이아영 | 프로듀서 박민희 | 출연 한석규, 고소영, 천호진 | 제작 쿠앤필름,
힘픽처스, Axman production | 배급 ㈜쇼박스

영화 〈이중간첩〉의 주인공 림병호는 영화 제목이 말해 주듯 남과 북 어디로도 갈 수 없는 운명
이다. 혁명과업을 위해 몸에 총알이 박히는 아픔을 감내하고 살이 찢어지는 지독한 고문마저
이겨 낸 그였지만 영영 돌아올 수 없는 도피의 길에서 쓸쓸히 최후를 맞이하고야 만다. 이중간
첩 림병호는 남과 북 모두에게 버림받은 스파이였지만 분단이라는 장애 속에서 그는 한 여인을
품은 로맨티스트였고, 정치적 음모 가운데 사람다움을 표현한 휴머니스트였다.

1945년 제2차 세계대전이 끝난 후 독일은 동서로 분단되었다. 수도인 베를린도 자유진영의 서베를린과 공산진영의 동베를린으로 나뉘었다. 1961년 8월, 동독에 의해 동베를린과 서베를린 간의 경계선이 생기면서 동서 베를린 간 이동의 자유는 철저히 봉쇄되었고 냉전의 상징인 '베를린 장벽'이 세워졌다.

베를린 장벽을 따라 동서 베를린 간의 이동을 용이하도록 하기 위한 검문소가 설치되었다. 미군이 관할했던 프리드리히슈타트의 검문소Check Point는 '체크포인트 찰리Check Point Charlie'라고 불렸다. 체크포인트 찰리는 허가를 받은 군대 인사들, 기자, 외교관, 고위 인사들이 지나다니는 곳이었기 때문에 널리 알려졌고 몇 차례 대담한 탈출 시도가 벌어지는 장소로 명성을 얻었다.

체크포인트 찰리는 독일 분단과 이데올로기 갈등의 상징성 때문인지 냉전 시대 스파이 소설이나 영화의 배경으로 등장하면서 나름의 독특한 매력을 풍기기도 했다. 한국영화에도 이데올로기 갈등의 상징인 체크포인트 찰리를 배경으로 시작하는 영화가 한 편 있다. 바로 김현정 감독의 영화 〈이중간첩〉이다.

이중간첩

영화 〈이중간첩〉은 남한이 아닌 북한 사람이 주인공이라는 다소 생소한 설정이다. 림병호한석규는 북의 신념과 체제에 충실한 인물인 동시에 인간적인 고뇌와 갈등을 지닌 사람이다. 그는 1980년 동독 동베를린 주재 북한 대사관에 근무하는 정보요원이지만, 체제에 불만을 느끼고 남한으로 귀순한다. 하지만 그의 숨겨진 정체는 북한 지령을 받는 위장 간첩이다. 철저히 짜인 탈출 각본에 의해 그는 숨 가쁜 추격전을 벌이며 총상을 입는 것도 마다하지 않는다.

남한에 온 림병호는 '자유를 찾아 내려왔다'고 주장하지만 조사 과정에서 살인적인 고문을 받는다. 혹독한 고문 과정을 거친 림병호는 2년간 북파공작원 훈련교관 업무를 맡게 되고, 이후 그를 유심히 지켜보던 안전기획부의 간부인 백승철천호진의 눈에 띄어 정보 분석 요원으로 발탁된다. 남한에 온 후 매일 밤 DJ 윤수미고소영 아나운서가 진행하던 라디오 프로그램을 듣던 림병호에게 마침내 기다리던 암호지령이 떨어진다.

림병호는 고정간첩으로 활동하고 있는 윤수미를 통해 남한 내 고정간첩의 총책인 송경식송재호의 지령을 받으며 활동을 시작한다. 당의 명령을 실행하고 싶어 늘 조바심을 내는 림병호에게 남한에서 나고 자란 고정간첩 윤수미는 포근함과 위안을 제공한다. 자신을 철저히 위장하고 24시간 감시받으며 살아가던 갑갑한 림병호의 삶에도 잠시나마 숨통이 트이기 시작한다.

영화 속 갈등의 폭발은 고정간첩 송경식이 체포되면서 이뤄진다. 림병호는 안전기획부 고문실에서 얼굴을 몰랐던 송경식과 대면한다. 그리고 백승철은 림병호에게 어떤 방법을 써서라도 자백을 받아 낼 것을 암묵적으로 요구하고 북한 당국은 그에게 송경식을 살해할 것을 명령한다. 림병호는 북의 지령을 따르려고 하지만 송경식을 아버지처럼 생각하는 윤수미를 보며 인간적인 고뇌와 갈등 앞에서 망설인다. 림병호와 윤수미의 행각은 시간이 흐르며 서서히 발각된다. 북한 역시 더 이

상 이들이 쓸모가 없어지자 용도 폐기를 하려 한다. 결국 이들은 남과 북 어느 사회에도 편입될 수 없음을 알게 되고 서울 주재 외신기자의 도움을 받아 브라질로의 도피를 선택한다. 그리고 2년 후 브라질의 외딴 길거리에서 림병호는 누가 보냈는지도 모르는 살인청부업자에 의해 목숨을 잃는다.

이중간첩 하면 떠오르는 인물, 이수근

영화 〈이중간첩〉은 제목이 참 직설적이다. 이중간첩은 'double agent'로, 사전에 등록돼 있는 단어이기도 하다. 역사적으로 체제 갈등이나 적대국가 사이에는 꼭 '이중간첩'이 존재했다. 실제 남북관계에서도 이중간첩 사건들이 있었다. 대표적인 사건이 바로 1967년 '이수근 위장간첩 사건'이다. 이수근은 당시 북한 중앙통신사 부사장으로 있으면서 북한 당국으로부터 위장월남 귀순하라는 지령을 받고, 1967년 3월 22일 판문점에서 열린 군사정전위원회를 취재하다가 UN군에 귀순의사를 피력한 뒤 극적으로 탈출해 남한으로 왔다. 한국 정부는 그가 북한의 언론계 거물이며 지식인이라는 점을 감안하여 그를 대대적으로 환영하면서 주택과 정착금을 지급하고 결혼까지 주선하며 남한 생활 정착을 도왔다.

그러나 그는 남한의 각종 기밀을 수집해 북한에 보내려는 시도를 했다. 그의 여러 행동이 수상해 보이자 한국 정부의 정보 및 수사당국은 그를 주시하고 경계하기 시작했다. 이수근은 더 이상 한국에 있을 수 없음을 눈치채고 위조 여권을 만들어 한국을 탈출, 홍콩·방콕을 거쳐

호찌민에서 북한으로 귀환하려다 한국정부의 정보요원에 의해 체포, 한국에 압송돼 간첩죄를 적용받아 형장의 이슬로 사라지고 만다. 이것이 그동안 일반적으로 알려진 '이수근 위장간첩 사건'이다.

하지만 사건이 40여 년 지난 2008년 12월 법원은 이수근을 간첩으로 볼 수 없다는 판결을 내렸다. 간첩이라는 결정적인 증거물이었던 암호문이 처음부터 존재하지 않았던 것이다. 법원 판결에 앞서 2007년 1월 '진실 화해를 위한 과거사 정리위원회'는 이 사건을 "이수근이 중앙정보부의 지나친 감시 및 재북 가족의 안위에 대한 염려 등으로 한국을 출국하자, 중앙정보부가 당혹한 나머지 이수근을 위장간첩으로 조작, 처형하여 귀순자의 생명권을 박탈한 비인도적·반민주적 인권 유린 사건"이라고 규정했다. 분단과 이데올로기 갈등, 그리고 무소불위의 권력 앞에서 한 사람과 그 주변 인물들의 삶이 처절히 짓밟힌 대표적인 사건이다. 이수근 사건뿐 아니라 지식인, 조업 중 납북된 어부, 유학생 등을 대상으로 한 정보기관에 의한 조작된 간첩단 사건들이 있었다. 모두 시대의 희생양이고 아픔이었다. 물론 간첩으로 조작된 사건들도 있었지만 실제 간첩 사건들도 셀 수 없이 많았다.

어울림의 광장을 꿈꾸며

1960년 발표된 최인훈의 소설 〈광장〉에는 남과 북, 그 어느 쪽에서도 희망을 찾지 못해 중립국을 선택하는 인물 이명준이 등장한다. 제3국을 향하는 배에서 투신한 그의 죽음에서 작가는 어디에도 속할 수 없는 상황에 놓인 개인의 좌절을 그렸다. 우리는 역사 속에서 그리고 영

ⓒ 〈이중간첩〉, 2003

화 속에서 그것을 운명으로 받아들여야 했던 이명준과 같은 이들을 봐 왔다.

영화 〈이중간첩〉의 림병호 역시 영화 제목이 말해 주듯 남과 북 어디로도 갈 수 없는 운명이었다. 혁명과업을 위해 몸에 총알이 박히는 아픔을 감내하고 살이 찢어지는 지독한 고문마저 이겨 낸 그였지만 영영 돌아올 수 없는 도피의 길에서 쓸쓸히 최후를 맞이해야 했다. 림병호는 비록 남과 북 모두에 버림받은 스파이였지만 그는 분단이라는 장애 속에서 한 여인을 품었던 로맨티스트였고, 정치적 음모 가운데 사람다움을 생각하고 표현한 휴머니스트였다.

영화 속 림병호가 동베를린을 탈출했던 장소인 '체크포인트 찰리'는 지난 1990년 독일이 통일되면서 자연스레 그 역할을 다하고 공식적으로 사라졌다. 경계를 구분 짓던 장벽과 철조망을 감시하던 군인들도 이젠 없다. 다만 옛날의 일들을 기념하기 위해 지은 초소 모형과 기념사진을 찍기 위해 서 있는 군인 복장을 한 모델들만 있을 뿐이다. 이제 그곳은 사람들이 모이는 '광장'이 되었다. 시대는 우리에게 말한다. 더 이상 위장, 잠입, 비밀이란 단어들보다 광장으로 대변되는 개방, 공유, 어울림으로 가라고 말이다.

슈퍼돼지 가지러 왔수다
〈간첩 리철진〉

The Spy
1999년 | 한국 | 감독 장진 | 각본 장진 | 출연 우오성, 박인환, 박진희
프로듀서 김성제 | 제작 ㈜씨네월드 | 배급 ㈜시네마서비스

북한은 식량난 해결을 위한 막중한 임무를 주며 대남 공작부 요원 리철진을 남파한다. 리철진
의 임무는 남한에서 개발한 슈퍼돼지의 유전자 샘플을 획득하여 북한으로 가져가는 일이다.
세기말에 제작된 영화 〈간첩 리철진〉은 북한이 식량난 해결을 위해 남한에 간첩을 보낸다는
당시로서는 새로운 발상의 영화였다. 영화는 유쾌한 분위기 속에서 식량난을 겪고 있는 북한
의 어두운 면을 생각하게 한다.

북한은 1970년대 초까지 한국보다 생활수준이 높았다. 하지만 1970년대 중반 이후 사회주의 체제의 한계로 인해 경제발전은 더디게 진행되었고, 서서히 식량난과 생필품난을 겪기 시작했다. 1990년 이후 사회주의권 붕괴 이후 외부로부터의 곡물 수입이 끊어지자 식량 사정은 급속도로 나빠졌다.

북한의 식량난

1990년부터 이상저온 현상, 대홍수, 만성적 비료 부족, 낙후된 영농기술, 토지의 산성화, 농민들의 의욕 상실 등으로 절대적 쌀 생산량 부족은 북한의 식량난을 더욱 가속화했다. 이에 따라 북한은 한국, 중국, 일본, 인도 등에 식량과 의료품 지원을 요청했다. 1990년대 중반 북한은 매년 사상 유례없는 대홍수를 맞아 최악의 식량난을 겪었다. 이후 공식적인 통계는 잡히지 않았지만 100~300만 명 정도가 굶어 죽은 것으로 파악되고 있다.

　북한의 식량난을 가중시킨 또 하나의 원인은 일명 다락밭계단밭 농촌 경영이다. 다락밭이란 북한의 80%가 산으로 이루어진 지리적 문제 때문에 농사 지을 땅이 부족했기에 산비탈을 개간해 농사용 계단식 밭을 만드는 것을 의미한다. 한마디로 작은 산으로 되어 있는 땅은 모조리 나무를 다 베어 내고 뿌리까지 뽑아서 산비탈 농사 밭을 만들었다. 아이디어는 기발했지만 사실 다락밭은 식량난을 더욱 가중시켰다. 왜일까? 크고 작은 산봉우리들의 나무를 뿌리째 뽑아 밭을 만들고 강냉이나 감자, 콩, 고구마 같은 작물을 심었으나 해마다 장마가 오면 많은 빗

물에 토사가 모두 흘러내려 흉작을 내기 시작한 것이다. 또한 그 토사들이 쌓이고 쌓여 지대가 높아지면서 여름철 저수지에 물을 댈 수 없게 되니 농사가 제대로 될 리가 없었다. 한마디로 나무를 보고 숲을 보지 못한 셈이다.

슈퍼돼지는 어디에

영화 〈간첩 리철진〉의 리철진은 30년 경력의 고정간첩 오 선생_{박인환}과의 접선을 위해 서울로 향하던 중 택시 합승을 한다. 우연의 일치인지 기사 빼고 4명이 같은 방향, 같은 고향 사람들이었다. 하지만 그 4인조는 승객을 가장한 택시 강도단이었다. 리철진은 4인조 강도에게 공작금과 무기가 들어 있는 가방을 순식간에 빼앗기고 만다. 북한 최정예 특수요원도 남한의 택시 강도의 민첩함을 당할 수가 없었다. 어렵게 고정간첩 오 선생과 접선을 했으나 오 선생은 택시 강도를 당했다는

ⓒ 〈간첩 리철진〉, 1999

그를 믿을 수가 없었다. 하지만 철진은 다른 생각을 할 겨를이 없다. 그에게 주어진 시간은 단 1주일. 그 사이 남한에서 개발된 슈퍼돼지 유전자의 샘플을 입수해 북으로 가져가야 한다.

철진은 임무 수행을 위해 오 선생의 집에 머문다. 오 선생의 가족으로는 부인 김 여사_{정영숙}, 대학생인 딸 화이_{박진희}와 고등학생 아들 우열_{신하균}이 있다. 겉으로 보기에는 청소년 상담소를 운영하며 단란하게 살고 있지만 오 선생 내외는 먹고살기 위해 고정간첩이 되었고, 지금도 빚 때문에 쪼들려 살고 있다. 고정간첩 오 선생 내외에게 철진이 가져올 공작금은 한 줄기의 빛과 같다. 그래서 철진이 공작금을 잃어버렸다는 말을 듣고 당에 보고를 해서 돌려보낼까 생각도 한다.

남파 첫날의 택시 강도 사건을 계기로 삭막한 남한 사회의 풍토에 눌려 잔뜩 움츠려 있던 철진은 오 선생의 딸 화이의 배려로 서서히 마음의 문을 연다. 그리고 조금씩 서울 생활의 다양한 면면들을 들여다본다. 지하철역 주변의 노숙자들, 휘황찬란한 압구정동 거리가 신기하고, 교통체증으로 혼잡한 도로가 너무나 낯설고 또한 우연히 들어간 은행에서 강도를 때려눕히고, 현실이 괴로워 택시 기사에게 평양 가자고 외쳤다가 경찰서 신세도 진다. 이러한 모습을 보고 화이는 철진의 순수함에 이끌리고 철진 역시 따뜻하고 매력적인 여인 화이에게 애틋한 감정을 느낀다. 리철진은 화이에게 사랑을 느끼면서도 북한의 불쌍한 동포들을 생각하고 천신만고 끝에 샘플을 손에 넣는다. 그러나 남한의 돼지 지원 제의로 더 이상 샘플이 필요 없게 된 북한이 샘플을 훔치려 했던 사실을 은폐하기 위해 리철진을 제거하려고 하자, 절망한 리철진은 스스로에게 총을 겨눈다.

슈퍼돼지가 아닌 슈퍼옥수수

영화 〈간첩 리철진〉의 리철진은 북한의 식량난을 해결하고자 남파되었다. 그가 그토록 얻으려고 했던 슈퍼돼지는 육질이 좋고 새끼를 낳는 능력이 좋은 꿈의 돼지다. 사실 남한이 북한에 슈퍼돼지 유전자를 준 적은 없다. 하지만 북한의 식량난을 해결하기 위해 민간에서 '슈퍼옥수수' 종자를 같이 개발하고 옥수수 농사를 지은 적은 있다. 북한에 슈퍼옥수수를 보급한 이는 옥수수 박사로 유명한 김순권 박사다.

김순권 박사는 1976년 아시아 최초로 생산량이 세 배나 되는 하이브리드 옥수수를 개발했다. 이후 나이지리아에서 아프리카 적응 하이브리드 옥수수 개발, 위축바이러스 저항성 품종 개발, 스트라이가Striga 공생저항성 품종 개발 등 아프리카 대륙의 식량난 해결에 기여했다. 그는 17년간의 아프리카 생활을 접고 한국의 경북대 교수로 부임한다. 그가 한국에 돌아온 이유는 바로 북한 동포들 때문이었다.

그때 당시 북한은 1995년, 1996년의 대홍수에 1997년의 해일까지 겹쳐 식량 생산을 거의 포기한 상태였다. 1998년 겨울 김순권 박사가 처음 북한에 들어갔을 때 가장 먼저 했던 것은 그곳 연구원들과 정부 관계자들을 독려하는 것이었다. '할 수 있다'는 마음으로 방향을 돌리는 것이 우선이었다. 그리고 다행히 1998년 첫해에 협동농장에 심은 옥수수가 23퍼센트나 증산됐다. 그리고 2002년까지 슈퍼옥수수 보급은 제법 큰 성공을 거두었다. 그때 당시 김순권 박사를 안내했던 북한 안내원이 이런 말을 했다고 한다. "옥수수 때문에라도 반드시 통일은 될 거다. 어느 날 박사님은 옥수수 밭에서 열심히 일하고 있는데, 우리가 와서 '박사님, 통일이 됐으니 빨리 나오세요'라고 이야기하는 날이 반드시 올 것"이라고 말이다.

초창기 성공적으로 진행된 북한 슈퍼옥수수 보급 사업은 지금 여러 이해관계로 인해 과거보다 적극적으로 전개되고 있지는 않다. 하지만 한 가지 확실한 것은 지난 10여 년 동안의 슈퍼옥수수 사업으로 남북은 협력을 통해 하나 되는 통일의 힘을 맛보았다는 것이다. 북한의 식량난 해결은 영화 〈간첩 리철진〉처럼 종자 샘플을 몰래 획득한다고 되는 것이 아니다. 남북이 함께 연구하고 시험 농사도 지어 보고 문제점을 발견하고 개선하고 그것을 시스템화시켜 체계적으로 생산 보급해야 해결 가능하다. 북한 식량난을 해결하기 위해 가장 필요한 사람은 영화 속 리철진이 아닌 제2, 3의 현실 속 김순권 박사일 것이다.

0.75평 안의 자유
〈선택〉

Choice
2003년 | 한국 | 감독 홍기선 | 각본 이맹유 | 프로듀서 김신희, 정성훈
출연 김중기, 안석환, 김종철 | 제작 ㈜신씨네, 영필름 | 배급 ㈜청어람

비전향장기수 김선명은 1995년 출소할 때까지 44년 동안 감옥에 있었다. 그는 수감 생활 중 39년은 감방 안에만 갇혀 지냈고, 그중 21년은 완전한 격리와 침묵 속에 0.75평 남짓한 독방에서 지냈다. 수감 생활 중 수없이 사상의 전향을 권유 혹은 강요받았으나 그는 전향하지 않았다. 김선명의 실화를 극화로 꾸민 영화 〈선택〉은 무엇을 고르는 게 아니라 다른 하나를 버려야만 하는 비전향장기수의 '선택'을 그린다. 영화 속에서 가장 의미 있는 장면은 김선명이 출감 직후 94세의 노모를 45년 만에 만나 포옹하는 장면이다. 이 장면은 실제 장면이기도 하다.

비전향장기수란 국가보안법·반공법·사회안전법으로 인해 7년 이상의 형을 복역하면서도 사상을 전향하지 않은 장기수를 말한다. 이들은 해방 이후와 6.25전쟁 당시의 빨치산 및 북한군 포로, 6.25 한국전쟁 이후 북에서 남파된 정치공작원, 통일혁명당사건 등 남한에서의 자생적 반체제 운동가 출신, 1970년대 이후 해외활동으로 체포된 재일동포, 1970년대 중반 이후 각종 간첩단 사건으로 연루된 인사 등으로 분류된다. 비전향장기수 이인모 씨가 북송되고 7년 뒤인 2000년 9월 남북정상회담 직후 남북의 합의에 따라 비전향장기수 63명을 판문점을 통해 북송했다. 이들은 빨치산 출신 13명, 간첩 출신 46명, 인민군 출신 4명으로 70% 이상이 남파간첩이었다.

꽉 막힌 방

영화 〈선택〉은 비전향장기수 김선명 이야기를 담고 있다. 영화는 김선명김중기이 서울구치소에서 마포형무소, 그리고 대구를 거쳐 대전교도소로 이감되면서 새로운 감방 동료를 만나는 것에서 시작한다. 높은 담과 사방이 꽉 막힌 방에서 그의 육신은 고통스러웠으나 가슴속에 품은 희망의 불씨는 꺼지지 않았고 동지들을 만나 추억담을 나누는 재미도 있다. 그러나 1972년 10월 유신과 함께 본격적으로 시작된 무지막지한 전향공작은 모든 것을 앗아가 버렸다. 새로 부임한 좌익수 전담 반장 오태식안석환은 폭력범들을 동원해 전향서 쓰기를 강요한다. 거듭되는 폭력과 고문 끝에 동료들은 하나둘씩 신념을 포기한다. 김선명은 동지에 대한 신뢰와 통일에 대한 희망마저 사라진 처지에도 양심을 포기하지 않는다.

김선명에게 선택이란 하나를 고르는 게 아니라 다른 하나를 버리는 것을 의미한다. 김선명은 사상과 신념을 택한 게 아니라 안락한 삶이나 합리화를 거부한다. 영화 〈선택〉은 역사와 진실의 무게로 관객의 마음을 짓누르지만은 않는다. 수인들의 장기자랑, 밥그릇 모스 부호를 이용한 통방通房 등 교도소의 생생한 풍경이 약방의 감초처럼 펼쳐지기도 한다.

영화는 주인공의 신념을 미화하지도 않았고, 오태식을 인간 말종에 가까운 악역으로 표현하지도 않았다. 김선명과 오태식 모두 분단과 냉전이 낳은 현대사의 비극으로 묘사했다. 이 영화를 보면서 확실히 느낄 수 있는 것은 진실의 힘이다. 실화를 극화로 꾸민 100여 분의 모든 장면보다도 가장 의미 있는 장면은 김선명이 출감 직후 94세의 노모를 만나는 실제 장면이다. 그는 그토록 바라던 어머니를 45년 만에 만나 포옹한다. 이념과 전향서, 다른 사람은 이해할 수 없는 그만의 생각, 그만의 방식으로 45년을 버텨 왔고 출소한 지 5년 뒤 그는 북으로 갔다.

김선명 그리고 비전향장기수

영화 〈선택〉의 실제 주인공인 김선명은 1925년 경기도 양평군에서 태어나 보통학교를 중퇴하고 1941년 서울로 이사했다. 태평양전쟁 시기를 공장에서 노동을 하며 보냈고 해방이 되자 좌익운동에 뛰어들었다. 6.25 전쟁이 발발하자 인민군에 자원입대했고 1951년 10월 강원도 철원에서 정찰 임무 중 국군에 잡혀 포로가 되었다. 포로가 된 김선명은

ⓒ 〈선택〉, 2003

재판을 통해 무기징역형을 선고받고 복역했다.

그는 1995년 출소할 때까지 45년 동안 감옥에 있었다. 이 기록은 세계 최장기수 기록으로 기네스 세계 기록에 올라 있다. 그는 수감 생활 중 39년은 감방 안에만 갇혀 지냈고, 그중 21년은 완전한 격리와 침묵 속에 0.75평 남짓한 독방에서 지냈다. 옥살이 중 전향을 권유받았으나 전향하지 않았다. 전향서 한 장만 제출하면 감옥 생활을 끝낼 수 있던 것을 그는 끝내 하지 않았다. 한편 김선명이 인민군에 입대한 사이 아버지와 누이 두 명은 보복 살해되었고, 다른 형제들은 연좌제로 고통을 받아 김선명과 연락을 끊었다.

안보와 인권 사이에서

비전향장기수는 국가 안보의 관점으로 보느냐 아니면 인권의 관점으로 보느냐에 따라 평가가 갈린다. 안보의 시각으로 보면 그들은 나이가 든 우리의 적敵이다. 젊었을 때 우리 공동체를 해하기 위해 적군 혹은 간첩으로 활동했던 사람들이다. 감옥에서도 전향하지 않고 자신의 사상을 유지했기에 나이가 들어도 그들은 계속 적이라는 논리다. 인권의 관점에서 접근한다면 이들이 갖고 있는 사상은 이들이 선택한 결과이며 전향을 강요할 수 없고 그 사상에 동조하지 않더라도 이들이 선택한 것을 존중해야 한다는 것이다.

두 가지 의견 모두 틀렸다고 할 수 없다. 단지 관점이 다를 뿐이다. 그리고 단지 사회 분위기와 여건에 따라 이들을 대하는 태도와 처리 방향이 달라졌다. 과거 우리 사회가 안보를 강조하고 인권을 상대적으로 등한시했다면 이제는 인권에 대한 인식이 많이 달라졌다. 영화 〈선택〉도 그런 변화의 한 단면을 반영한 것이다.

그리고 비전향장기수의 전향적인 북송은 오히려 북한 사람들에게 남한 체제의 개방성과 다양성을 더 드러내게 만들었다. 북한 당국은 공식적으로 비전향장기수 송환에 대해 "일찍이 비전향장기수 송환 문제 해결을 위해 그토록 마음 쓴 김정일 장군님께서는 그들이 조국에 돌아온 후에 '비전향장기수들을 데려왔으니 마음이 놓인다'고 '이젠 그들이 성심을 되찾고 영광과 행복 속에 여생을 보내도록 하는 게 자신의 임무'라고 하시며 그들을 꽃방석에 앉혀 이 세상의 모든 복을 누리도록 은혜를 베푸시었다"고 대대적으로 선전했다.

하지만 이것은 북한의 대외적인 공식 반응일 뿐 비전향장기수는 북한 당국에 그리 달갑지 않은 존재였다. 이들은 사상적으로 북한을 추종하고 있었지만 생활 방식은 오히려 남한 방식에 더 익숙했다. 그래서 북한 체제에 비판도 서슴없었고 특히 마음에 안 들 때는 남한에서 대통령을 비판하듯 북한 최고권력층을 비판했다가 이들을 돌보는 북한 당국 관계자들을 당혹스럽게 한 적도 있다. 결국 이들 대부분은 주민들과 격리되어 정치적으로 이용당하고 있다. 남한에서는 사상 전향을 강요당했고 북한에 가서는 정치적 캠페인에 동원된 인생을 살아야 했다. 과연 이것이 이들이 그토록 바라던 삶이었을까?

그럼에도 불구하고 우리는 프랑스 계몽주의 지식인 볼테르의 말을 되새겨 볼 필요가 있다. 어쩌면 이것은 우리가 그토록 바라고 지향하는 한반도 공동체의 가치일지도 모른다. 남과 북 모두에서 말이다.

나는 당신이 하는 말에 찬성하지는 않지만, 당신이 그렇게 말할 권리를 지켜 주기 위해서라면 내 목숨이라도 기꺼이 내놓겠다.

음모 속에 가려진 그들의 운명
〈베를린〉

The Berlin File (Be-reul-rin)
2012년 | 한국 | 감독 류승완 | 각본 류승완 | 프로듀서 국수란, 한재덕 | 출연
하정우, 전지현, 류승범, 한석규 | 제작 (주)외유내강 | 배급 CJ 엔터테인먼트

김정일 사후 그의 비밀 계좌를 추적하는 한국 국정원 요원들과 이 계좌에 대한 관리를 담당하는 북한 요원들을 배경으로 하는 류승완 감독의 영화 〈베를린〉의 무대는 영화 제목처럼 독일 베를린이다. 베를린은 1990년 독일 통일 이전 사회주의 국가였던 동독과 자본주의 국가였던 서독의 절충 지점이자 미국과 소련 등 강대국의 이해관계에 따라 분할 통치되던 역사적 장소다. 통일의 상징이지만 동시에 갈등의 전장이었다. 영화 〈베를린〉은 먼 이국 베를린에서 지금도 현재 진행형인 한반도의 긴장 관계를 이야기한다. 특히 2013년 말 발생한 북한의 '장성택 사건'과 영화 〈베를린〉 속 북한 내부 권력 암투가 미묘하게 오버랩되기도 한다.

2005년 미국 정부는 마카오에 소재한 은행 Banco Delta Asia이하 BDA 에서 북한과 관련된 것으로 추정되는 2,500만 달러를 발견하고 마카오 당국에 요청해 이를 동결시켰다. 계좌가 동결된 이후 북한은 이를 풀 어 달라고 수년 동안 미국에 거의 사정하다시피 했다. BDA에 예치돼 있던 이 2,500만 달러는 다름 아닌 '김정일의 통치자금'이었다. 통치용 비자금은 주로 김정일 일가의 사치품 구입이나 권력 엘리트들에게 내 리는 하사품을 마련하는 데 사용되었다.

최고 권력자의 비밀 계좌

북한 경제는 공식 부문인 제1경제, 군수 부문인 제2경제, 통치자의 권 력을 유지하기 위한 궁정경제로 나뉘어 있다. BDA 계좌는 해외 비자 금의 일부분이며, 이 돈은 궁정경제를 떠받치는 버팀목이다. 체제 붕 괴 등 비상시국 대비용이기도 하다. 북한 최고 권력자의 비자금은 군 부, 무역성 등 북한의 각 기관에 소속된 외화벌이 회사들이 벌어들이 기도 하고 농·수산물이나 광물 판매, 인력 송출 그리고 마약, 가짜 담 배와 술, 무기, 위조 지폐 등 불법 거래를 통해 얻는 검은돈으로 만들어 지기도 한다. 2005년 BDA 계좌 동결 이후 북한은 비자금을 잘게 쪼개 서 관리 중이며 아시아·유럽·중남미 등 지역별로 주요 거점을 두고 차명 계좌를 운영하고 있다. 북한이 비자금 계좌를 개설할 때는 비교 적 관리가 소홀한 소형 은행을 이용하며 기업이나 외국인 이름으로 된 차명 계좌를 수시로 바꾸고 있고 중간에 러시아 마피아와 연계돼 있다 는 보도도 심심치 않게 흘러나온다.

BDA 사례에 볼 수 있듯이 북한 당국은 주민들의 기본적인 의식주를 해결해 주는 것보다 40~50억 달러에 이를 것으로 예상되는 최고 지도자 관리 비용에 더 큰 관심과 에너지를 쏟아붓고 있다. 지금도 세계 곳곳에서 북한의 외화벌이 일꾼들은 합법 · 불법 가리지 않고 지도자와 조국을 위한다는 명분 아래 그들만의 사업에 열중하고 있으며 때로는 외교관이나 정보요원 신분임에도 불구하고 불법 무기 거래, 마약, 위조지폐 같은 범죄에 가담하기도 한다. 단지 최고 지도자를 위한 비밀 계좌의 잔고를 늘리고 보다 잘 관리하기 위해서 말이다.

블라디보스토크로 가는 티켓

류승완 감독의 영화 〈베를린〉은 국정원 요원 정진수한석규가 미사일 거래를 감시하던 중 북한 비밀요원인 표종성하정우의 존재를 알게 되면서 시작한다. 러시아인 유리, 아랍인 아심, 그리고 표종성 사이에서 은밀

ⓒ 〈베를린〉, 2012

하게 진행되던 무기 거래는 거액의 자금이 북한의 계좌로 막 입금되려 할 때 총격전이 발생하며 실패로 끝나고 만다. 이로 인해 표종성을 놓친 정진수는 곤란한 입장에 처한다.

아울러 북한은 내부 스파이로 인해 실패했다며 또 다른 비밀요원 동명수류승범를 파견하면서 사건은 점점 더 미궁 속으로 빠져든다. 동명수의 등장은 북한 내부에서 벌어지고 있는 권력 암투의 불똥이었다. 김정일 사후에 김정일의 비밀 계좌로 알려져 있는 계좌가 동명수의 아버지이자 북한 실세인 동중호명계남 쪽 비밀 계좌임이 한국 쪽에 알려지면서, 동중호가 이 부분을 덮어씌울 희생자를 찾기 위해 동명수를 베를린으로 보내면서 벌어진 일이다. 베를린 주재 북한 대사 리학수이경영, 그와 함께 일하는 표종성의 아내 련정희전지현, 그리고 비밀요원 표종성까지 누명을 씌울 계략이었다.

계략에 휘말려 대사 리학수는 스파이로 몰리고 미국 CIA를 통해 망명을 시도하다 반역자로 몰려 죽임을 당한다. 아내 련정희와 윗선의 명령 사이에서 갈등하던 표종성은 동명수의 계략을 조금씩 알게 되고 탈출을 시도한다. 반면 동명수는 무기 거래 도중 사망한 아랍인 아심의 동료들에게 거짓 정보를 흘리며 아심이 표종성을 쫓게 만든다. 결국 표종성의 아내 련정희는 아랍인들에게, 표종성은 국정원 요원 정진수에게 잡힌다. 착잡한 마음에 표종성은 한국으로의 전향을 선택하고 국정원 요원 정진수와 함께 아내 련정희를 구출하러 간다. 이 과정에서 련정희는 동명수가 쏜 총을 맞고 사망한다.

사건이 정리된 후 국정원에서 결정한 표종성의 행선지는 한국이나 제3국이 아닌 북한이었다. 표종성에 대한 인간적인 연민을 느낀 국정

ⓒ 〈베를린〉, 2012

원 요원 정진수는 그를 풀어준다. 다시 자유의 몸이 된 표종성은 동명수의 아버지 동중호에게 전화를 걸고 의미심장한 말을 전한다.

정보요원은 누구인가

영화 〈베를린〉 속 정진수와 표종성은 각각 남북의 비밀 정보요원이다. 대부분의 국가들은 비밀 정보기관을 운영하고 있다. 미국의 CIA, 영국의 M16, 이스라엘의 모사드, 일본의 내각 조사실, 그리고 한국의 국가정보원 등. 이들 비밀 정보기관들은 정부·군軍 또는 그 밖의 기관에서 정세에 대응해 적절한 조치를 취할 수 있도록 대립 진영이나 가상의 적으로 간주되는 국가나 세력에 대한 공개·비공개의 정보를 수집·분석·평가하는 정보 활동을 담당한다. 북한은 우리 국정원같이 종합형 비밀 정보기관 없이 노동당 통일전선부, 대외 연락부, 35호실, 작전부와 인민 무력부 산하 정찰국, 국가안전보위부 등에서 자체적으로 정보조직을 운영하고 있다.

정보기관은 1910년대 제1차 세계대전이 시작될 무렵부터 그 필요성이 제기되었다. 전쟁의 양상이 바뀌어 국민 총동원이 불가피하여지고, 군사력뿐만 아니라 생산력, 인적자원, 사회 상태, 국민 심리가 전쟁의 승패를 좌우하게 되었다. 그래서 전쟁 당사국은 이들 정보를 수집·분석할 전략적 필요성을 절감하게 됐다. 나아가서는 대중 매체를 어떻게 이용하고 또한 통제할 것인가 역시 매우 중요한 문제로 등장하였다. 제2차 세계대전 이후에는 냉전 격화가 심리 전쟁까지 수반하게 되어 정보 활동의 중요성은 더욱 커졌다. 이 시대를 배경으로 비밀 정보기관의 활동을 그린 첩보 영화가 바로 가공의 첩보원 제임스 본드를 다룬 '007 시리즈'이다.

음지에서 일하고 양지를 지향하는 정보요원들

한국 정보기관의 역사는 1961년부터 시작한다. 1961년 중앙정보부 KCIA로 시작해 1980년 국가안전기획부, 그리고 1999년 국가정보원으로 그 이름이 바뀌었다. 국가정보원의 주요 임무는 적대 관계에 있는 국가의 우리나라에 대한 간첩 활동을 방지하는 방첩 활동, 암살이나 테러를 저지하는 대테러 활동, 북한의 대남공작에 대한 안보 수사 등이다. 국익을 위해 꼭 필요한 기관임에도 불구하고 우리 국민들은 과거 중앙정보부-국가안전기획부-국가정보원으로 이어져 오면서 국가정보기관에 의해 부분적으로 자행된 인권 유린, 용공 조작, 국기 문란 행위에 대한 일종의 불신과 공포심을 갖고 있다. 정보기관에 대해 바라는 바는 '제임스 본드'이지만 실상의 이미지는 '댓글 알바'와 '흥신소 직원'이다.

국가정보기관이 부정적인 이미지로 많이 덧칠돼 있지만 지금도 보이지 않는 곳에서는 주어진 사명과 본분에 충실하며 임무를 수행하고 있는 정보요원들이 있다. 서울 내곡동 국가정보원 안보전시관 한쪽에는 '조국을 위해 헌신한 순직 국가정보원 요원들을 추모하며'라는 제목 밑에 순직한 직원의 숫자만큼 별을 새긴 돌이 있다. 이들은 음지의 전사자이기에 죽고 나서도 이름을 드러내지 못한다. 그저 별 하나로 존재를 나타낼 뿐이다.

　과거 국가정보원의 표어는 '우리는 음지에서 일하고 양지를 지향한다'였다. 지금은 '자유와 진리를 향한 무명의 헌신'이다. 과거에는 음지에서 일하는 것만을 강조했다면 이제는 '자유와 진리'를 위해 일하는 것도 강조하고 있다. 정보기관이 추구해야 할 진리는 나라와 민족의 '안녕'과 '공익'이다. 정보기관이 특정 정치 세력이나 특정 권력자를 위해 일하는 것이 아닌 본연의 주어진 일에만 충실해도 그 존재가치는 더욱 빛날 수밖에 없다. 이는 한국의 정보기관뿐 아니라 전 세계의 모든 정보기관이 가져야 할 책임 있는 자세다.

버림받은 자의 분노
〈태풍〉

Typhoon (Tae-poong)
2005년 | 한국 | 감독 곽경택 | 각본 곽경택 | 프로듀서 손세훈 | 출연 장동건,
이정재, 이미연 | 제작 씨제이엔터테인먼트(주) | 배급 CJ엔터테인먼트

영화 〈태풍〉은 남북한 모두에서 버림받고 분노의 화신이 된 탈북자 출신 주인공이 핵무기를 통해 복수를 꿈꾸는 이야기를 담고 있다. 아울러 영화 〈태풍〉은 핵무기에 대한 두려움을 보여 준다. 핵을 평화롭게 이용하고자 하는 이들에게 그것은 번영의 도구이지만 분노에 가득 찬 이들에게 핵은 삶을 파괴하는 대량 살상 무기일 뿐이다. 물론 영화 〈태풍〉 속 상황 같은 비상사 태라면 핵에 대한 경각심을 가져야겠지만, 지금 우리에게는 오히려 핵을 두려워하지 않고 담 대하게 대하는 것이 최선의 대응일지도 모른다.

한국을 대표하는 서정 시인 김소월1902~1934의 대표적인 작품 '진달래꽃' 한 구절이다.

영변에 약산 진달래꽃, 아름 따다 가실 길에 뿌리오리다

김소월은 서른두 살의 짧은 생애를 살다 갔지만 '엄마야 누나야', '금 잔디', '산유화' 등 향토색 넘치는 글의 향기를 남겼다. 김소월에게 고향 평안북도 영변의 뛰어난 풍광은 아름다운 시를 읊는 훌륭한 터전이었다. 하지만 김소월이 그토록 아름다워했던 영변은 지난 20여 년간 국제 사회를 긴장시킨 '북한 핵核' 문제의 진원지 역할을 했다. 북한은 1960년대부터 소련과의 협정을 통해 원자력 기술 연구를 해 왔으며, 1987년부터 평안북도 영변에 핵발전소를 가동하는 등 원자로 건설과 농축우라늄 개발을 본격화했다. 그러다 1992년 국제원자력기구IAEA의 핵 사찰 이후, 북한에 대한 핵 의혹 제기와 북한의 반발, 핵확산금지조약 NPT 탈퇴 등으로 북한의 핵 문제가 국제적으로 대두되었다.

터지지 않은 핵풍선

곽경택 감독의 영화 〈태풍〉은 남북한 모두에 버림받고 분노의 화신이된 탈북자가 핵무기를 통해 복수를 꿈꾸는 이야기를 담고 있다. 영화는 타이완 지룽항 북동쪽 220km 지점 해상에서 운항 중이던 한 화물 선박이 해적에게 탈취당하는 사건에서부터 시작한다. 한국의 국가정보원은 이 배에 핵미사일 위성유도장치인 '리시버키트'가 실려 있고

ⓒ 〈태풍〉, 2005

선박을 탈취한 해적 씬장동건이 북한 출신이라는 정보를 입수하고 비
밀요원인 해군 장교 강세종 대위이정재를 태국 방콕에 급파한다. 강세
종은 해적의 우두머리인 씬의 본명이 최명신이라는 사실을 알게 된다.
그리고 그가 일가족과 탈북 후 망명을 시도하는 과정에서 한중 관계를
우려한 한국 정부가 이를 거부했고 누나 최명주이미연를 제외한 일가족
전부가 처참하게 희생되었다는 것을 알게 된다. 탈북자 출신 해적 씬
은 한반도를 '핵'으로 날려 버리겠다는 분노에 가득 차 있다.

한편 강세종은 씬의 흔적을 탐문하다 가족의 망명을 받아들이지 않
은 당시 한국의 외교특사를 살해하기 위해 국내에 잠입했다는 사실을
알게 되지만, 씬은 자신이 계획했던 일을 마치고 유유히 한국을 빠져
나간다. 씬을 놓친 강세종은 씬이 누나 최명주를 찾으려 한다는 첩보
를 입수하고 최명주가 있는 러시아 하바로프스크로 간다. 강세종은 사
창가에서 힘겹게 살아가고 있는 최명주를 만나 그들의 기구한 가족사

를 더 자세히 들으며 탈북자 해적 씬에 대한 연민의 마음을 갖는다.

강세종은 사창가를 장악하고 있는 러시아 마피아로부터 최명주를 빼내고 최명주와 씬의 만남을 주선한다. 하지만 미국과 외교 마찰을 우려한 국정원은 강세종에게 씬과 그의 누나 최명주를 처리하라는 지시를 내리고, 이를 눈치챈 씬은 누나와의 짧은 만남을 뒤로하고 탈출을 한다. 해적 기지로 돌아간 그는 태풍 속에서 핵폐기물을 풍선에 매달아 날리려는 대담한 일을 꾸민다.

때마침 한반도에는 각기 다른 방향에서 두 개의 태풍이 불어오고 있었고 곧 두 태풍이 만나 사상 초유의 초대형 태풍이 형성될 거라는 일기예보가 나온다. 뒤늦게 씬의 핵풍선 계획을 인지한 한국 정부는 씬의 배를 해상에서 저지하려 한다. 미국 정부 역시 씬의 배를 침몰시키기 위해 잠수함을 출동시킨다.

씬을 막기 위한 공식 작전에서 배제된 강세종은 자신의 해군사관학교 동기들을 모아 작전 지시에 항명하는 형식으로 헬기를 타고 씬의 배로 향하는 무모한 일을 벌인다. 씬은 핵풍선 일부를 날리지만 대다수의 풍선은 강세종과 그 일행들에 의해 배 안에서 불태워지고 폭파된다. 어떻게 해서든 실행하려는 씬과 이를 막으려는 강세종 사이에 마지막 사투가 벌어지고 결국 씬은 자결하며 생을 마감한다.

작전을 마치고 귀국한 강세종은 씬이 풍선만 날렸을 뿐 의도적으로 터지지 않게 조작했다는 것을 알게 되고 씬이 복수를 포기했었다는 것을 깨닫는다. 그리고 그 풍선이 자신의 분노와 한을 담은 것이 아닌, 자신을 기억해 달라는 의미가 담긴 풍선이라는 생각을 한다.

핵 문제의 시작은 1930년대로 거슬러 올라간다. 물리학이 발전함에 따라 핵에너지의 이용 가능성이 예견되었고, 제2차 세계대전이 일어나자 주요 교전국에서는 핵에너지 연구에 박차를 가하였다. 미국은 아인슈타인 박사 등의 건의를 받아들여 세계 최초로 핵폭탄을 개발한다. 2차 세계대전 이후 소련과 영국 등에서도 경쟁적으로 핵실험에 성공하면서 국제사회는 핵 문제에 대한 새로운 요구를 담는 그릇이 필요하게 되었고 원자력을 평화적으로 이용하고 관리하는 국제원자력기구IAEA, International Atomic Energy Agency가 설립되기에 이른다. 뉴스에서 심심찮게 들을 수 있는 국제원자력기구IAEA는 이렇게 시작되었다.

원자력 발전은 비교적 저렴한 비용으로 에너지를 얻기에 많은 국가들이 투자를 하고 있다. 하지만 편리한 원자력은 무기로 변형되었을 때 이전의 재래식 무기와는 비교가 안 되는 대량 살상이 가능하다. 그래서 기존 패권국가에 대항하는 세력들은 내심 핵을 보유하고 싶어 한다. 핵만 갖고 있으면 자신들을 둘러싸고 있는 모든 문제가 해결된다고 생각한다. 북한 역시 마찬가지다. 대내외적으로 수세에 몰린 북한이 존재감을 드러내며 내세울 수 있는 카드는 핵뿐이다. 그래서 그들은 주변 이해관계자들을 피곤하게 하며 핵이 있음을 자랑하고 핵을 보유하고 있는 대가를 요구한다. '우리 요구를 안 들어주면 당신들의 안전을 장담할 수 없다'고 하면서 말이다.

ⓒ 〈태풍〉, 2005

글에 직접적으로 나타나 있지 않지만 그 글을 통해 나타내려고 하는 숨은 뜻을 비유적으로 이르러 '행간'을 읽는다고 한다. '북한 핵' 문제가 갖고 있는 행간은 두려움이다. 체제 위기의 두려움을 느낀 북한이 핵을 보유하고자 하는 것은 이를 통해 한국을 비롯한 주변 국가에 두려움을 주기 위해서다. 만약 우리가 북한 핵 문제에 두려움을 느끼고 북한에 대해 극도로 분노한 감정을 표출하거나 적대적으로 나간다면 그것은 북한이 만들어 놓은 두려움의 '프레임워크framework'에 말려드는 것이다.

　반대로 생각해 보면 북한 핵에 대해 두려워하지 않고 담대해지는 것이 북한을 오히려 두렵게 만드는 것일지도 모른다. 북한 3차 핵 실험2013년 2월 12일이 있던 날, 한국의 인터넷 검색어 순위 1위는 '북한 핵실험'이 아니라 '화장품 할인 행사'였다. 이에 대해 일부 네티즌들은 안보의식 부재라며 성토했지만 이러한 상황에 대해 가장 당황한 곳은 다름 아닌 북한 지도부였을 것이다. 천문학적 금액을 들여 핵 실험을 하며 위협을 가했지만 정작 일개 화장품 브랜드의 할인 행사보다도 못한 인기를 누렸으니 말이다. 물론 북한의 도발에 대비해서는 군과 정부를 중심으로 철통같은 안보 태세를 지녀야 한다. 그리고 국민들은 위기의 조짐이 보일 때 정부를 신뢰해야 한다. 하지만 이러한 안보 태세는 일사불란하게 사회가 움직이고 평범한 일상이 통제되는 전체주의적인 '병영국가'를 의미하지는 않는다.

　우리에게 필요한 것은 영변에서 시작된 북한 핵에 대한 두려움의 프레임워크가 아니라, 옛날 김소월의 시에 나타난 영변이 가진 아름다움의 가치를 복원하려는 노력일 것이다. 무엇보다 우리 마음속에는 봄이 오면 진홍빛 진달래가 물들여진 영변 약산과 그 속에서 뛰어노는 어린이들의 해맑은 영혼이 늘 새겨져 있어야 한다. 그리고 그 아이들 가운데는 영화 〈태풍〉 속의 주인공 최명신과 최명주 남매의 굴곡진 인생이 아닌, 웃음 가득한 평범한 일상이 있어야 한다. 그것이 바로 김소월이 꿈꾸었던 세상의 모습이 아니었을까? 공포와 두려움이 아닌, 일상 속의 맑은 미소 말이다.

3

여덟 발의 총성, 그곳의 진실 〈공동경비구역 JSA〉

살기 위해 헤어지다 〈크로싱〉

사랑하는 여인을 남겨 두고 국경을 넘은 한 남자 이야기 〈국경의 남쪽〉

서울에서 평양까지 3시간 〈풍산개〉

신기루와 같은 남과 북의 사랑 이야기 〈인샬라〉

축구로 뭉친 그들만의 리그 〈꿈은 이루어진다〉

사랑으로 장벽을 뚫어 버린 세기의 로맨스 〈남남북녀〉

땅속에서 이루어진 마을 사람들의 속삭임 〈만남의 광장〉

경계를
넘다

여덟 발의 총성, 그곳의 진실
〈공동경비구역 JSA〉

JSA Joint Security Area (Gongdonggyeongbiguyeok)
2000년 | 한국 | 감독 박찬욱 | 각본 김현석, 이무영, 정성산, 박찬욱,
박리다매 | 원작 박상연 | 제작실장 이우정 | 출연 송강호, 이병헌, 이영애
제작 명필름 | 배급 CJ 엔터테인먼트

판문점 공동경비구역 내 북측 초소에서 여덟 발의 총성이 울리며 의문의 살인 사건이 발생한
다. 남북 군사분계선 한가운데 살인 사건의 용의자인 젊은 한국군 이수혁 병장이 총상을 입은
채 발견된다. 판문점을 감독하는 중립국감독위원회는 책임 수사관으로 한국계 스위스인 소피
소령을 현장에 급파한다. 소피 소령은 사건을 파헤치며 남북 군인들 사이에 감춰졌던 놀라운
비밀들을 하나씩 알게 된다. 그렇다면 총성이 울리던 그날 밤의 진실은 무엇일까? 박찬욱 감
독의 영화 〈공동경비구역 JSA〉는 한반도의 오래된 금기와 그 금기를 넘는 상상력을 이야기
한다. 영화에서 남북의 군인들은 김광석의 노래를 같이 듣고 이성에 대해 이야기하고 함께 초
코파이를 먹었다.

판문점을 가기 위해 '자유로'를 타고 임진각을 넘어 민간인 통제구역을 20분 남짓 달리다 보면 군부대 앞에서 멈출 수밖에 없다. 부대 앞 간판에는 영문과 한글로 이러한 슬로건이 쓰여 있다.

'In front of them all'
최전방에서

이곳은 남한 쪽에서 '공동경비구역 JSAJoint Security Area' 내에 위치한 판문점에 들어가기 위해 거쳐야 하는 군부대인 '캠프 보니파스Camp Bonifas'이다. 캠프 보니파스에는 한국군과 미군이 함께 근무한다. 이 부대 명칭에는 1976년 이곳에서 벌어진 가슴 아픈 사건이 담겨 있다.

1976년 8월 18일 오전 10시경 미군 장교 2명을 비롯한 유엔군 소속 군인 11명이 '돌아오지 않는 다리' 남쪽 유엔군 관할 제3초소 부근에서 시야를 가리는 미루나무의 가지를 치는 한국인 노무자 5명의 작업을 지휘·경호하고 있었다. 이때 북한군 수십 명이 작업 중지를 요구했다. 그러나 한국 측 경비병이 이를 무시하고 작업을 계속하자 갑자기 수십 명의 북한군 사병들이 트럭을 타고 달려와서 도끼와 몽둥이를 휘두르며 폭행, 미군 장교 2명을 도끼로 살해하고 나머지 9명에게는 중·경상을 입힌 뒤 사라졌다. 이때 희생당한 미국 장교 중 한 명이 '아서 G 보니파스' 대위이다. 캠프 보니파스는 보니파스 대위를 기념해 명명한 것이다.

'공동경비구역 JSA'에서 미군 병사들이 희생당한 이 사건은 세상을 놀라게 했고, 한반도를 전쟁 위기까지 몰아넣었다. 이는 '판문점 도끼 만행 사건'이라고 불린다. 사건 직후 주한미군과 한국군은 '데프콘 3호 경계상태 돌입'를 발령하고 전투 태세를 갖추는 등 일촉즉발의 위기에 직면하기도 했다. 그러나 북한 당국이 유감의 뜻을 표명하며 사건은 일단락됐고, 1976년 9월부터는 판문점에서 상호 충돌을 피하기 위해 구역을 나눠 경비를 서도록 했다. 판문점 도끼 만행 사건이 일어나기 전에는 남북의 병사들이 한 울타리 안에서 각자의 초소에서 경비를 서며 때로는 같은 벤치에 앉아 담배를 피우기도 했다. 말 그대로 '공동경비구역'이었던 것이다.

설자리가 없는 중립

남북 분단의 상징적인 역할을 하고, 사건 사고도 많았던 '공동경비구역 JSA'는 그동안 보통 사람들에게는 금단의 지역이었다. 2000년 박찬욱 감독은 박상연의 소설 〈DMZ〉를 바탕으로 비무장지대 속 남북 병사들의 이야기를 다룬 영화 〈공동경비구역 JSA〉를 제작했다. 이 영화는 한국인에게 호기심의 영역인 판문점 공동경비구역에서 발생한 남북 병사의 총격 사건의 진실을 추리극 형식으로 그렸고 남북한 병사들의 우정과 분단의 아픈 현실을 담았다.

영화는 여덟 발의 총성과 함께 시작한다. 판문점 공동경비구역 내 돌아오지 않는 다리, 북측의 초소에서 남북 군인들 사이 살인 사건이 발생한다. 남북 군사분계선 한가운데 이 살인 사건의 용의자인 젊은 한국군 이수혁^{이병헌} 병장이 총상을 입은 채 발견된다. 총격 사건 이후 북한은 남한의 기습 테러 공격으로, 남한은 북한의 납치설로 각각 엇

갈린 주장을 한다.

정전협정을 감시하는 중립국감독위원회는 책임 수사관으로 한국계 스위스인 소피이영애 소령을 파견, 사건의 정황을 수사한다. 소피 소령은 사건 당사자인 남한의 이수혁 병장과 북한의 오경필 중사송강호를 만나 사건의 전말을 듣지만, 그들은 서로 상반된 진술만을 반복해 사건은 점차 미궁으로 빠져든다. 그러던 중 사건 최초의 목격자인 남성식 일병김태우이 돌연 투신자살한다. 베일에 싸여 있는 거대한 진실을 찾기 위해 소피 소령은 의혹을 조금씩 벗겨나간다. 소피 소령이 알아낸 진실은 실로 놀라웠다.

어느날 정찰을 나갔다가 지뢰를 밟고 낙오한 한국군 이수혁 병장을 북한군 오경필과 정우진이 우연히 구해 준다. 이들은 판문점에서 수시로 얼굴을 마주치며 서로의 존재를 확인한다. 같은 시간에 양측 초소에 근무할 땐 돌멩이에 편지를 매달아 소소한 소식들을 전한다. 그러던 어느 날 한번 놀러 오라는 편지를 받은 이수혁은 몰래 북측 초소를

찾는다. 당황과 어색함도 잠시 이들은 이내 명랑한 분위기 속에서 끈끈한 우정을 나눈다. 그리고 이수혁은 수시로 북측 초소를 찾고 직속 부하인 남성식 일병도 함께 데려간다.

　이수혁의 제대를 앞두고 4명이 모여 이야기하던 북측 초소에 북한군 장교김명수가 들어온다. 화기애애했던 분위기는 이내 남북으로 나뉜다. 총을 맞대고 이수혁과 남성식을 무장 해제하려는 북한군 장교와 상황에 밀리지 않으려는 이수혁 간의 긴장이 고조된다. 이를 중재하려는 오경필과 두려움에 떠는 남성식, 정우진의 모습이 혼합돼 분위기는 점점 비극을 향해 나아간다. 결국 8발의 총성이 울리고 북한군 장교와 정우진은 사망을 하고 살아남은 한국군 이수혁, 남성식 그리고 북한군 오경필은 각자에게 유리한 시나리오를 만들어 상황을 모면하려 한다. 그리고 지난 몇 개월 함께 나누었던 우정은 가슴속에만 간직하기로 한다. 남북 청년들의 우정은 그렇게 날아가 버렸다. 이 장면은 우리가 처한 냉혹한 현실의 모습이기도 하다. 과연 '공동경비구역 JSA'의 남북 군인들은 만나서는 안 되는 사이였을까?

금기 위에 상상력

박찬욱 감독은 영화 〈공동경비구역 JSA〉에서 다양한 상상력을 발휘한다. 남북의 군인들이 가수 김광석의 노래를 같이 들으며 '젊음'을 이야기하고, 카드놀이를 하며 연예인과 이성에 대한 호기심들을 이야기한다. 북한에 한류 바람이 일기 전부터 영화는 벌써 북한 사람들이 한류에 심취하는 상황을 설정해 버린다. 영화에서 발휘된 상상력 중 눈여겨봐야 할 부분은 바로 초코파이다. 극중 수혁은 초코파이를 매개로 경필에게 남쪽으로 내려올 것을 권하고 경필 역시 초코파이를 매개로 북한에 자신이 남아 있어야 하는 이유를 설명한다.

> 경필 : 거 이수혁이, 내 딱 한 번만 이야기할 테니까 잘 들어두라우. 내 꿈은 말이야, 언젠가 우리 공화국이 남조선보다 훨씬 더 맛있는 과자를 만드는 기야. 알갔어? 그때까진 어쩔 수 없이 이 초코파이를 그리워할 수밖에 없어.

수혁에게 초코파이는 남한 사회의 경제적 풍요로움을 나타내고 경필에게 초코파이는 북한을 일으켜야 하는 사명의 의미를 갖는다. 북한 사람들에게 초코파이의 달콤함을 맛보게 하고 '우리는 왜 이런 게 없을까?' 하는 마음을 갖게 만듦으로써, 자본주의의 달콤함을 나타내려 했다. 북한과 초코파이를 연결시킨다는 것은 이 영화가 나오기 전까지는 그 누구도 상상도 할 수 없었던 일이었다.

금기를 넘다

영화 〈공동경비구역 JSA〉는 2000년 가을에 개봉했다. 2000년 가을은 북한 평양에서 열린 제1차 남북정상회담의 열기로 남북관계에 대한 기대가 그 어떤 때보다 높았던 시점이었다. 남북 화해 분위기로 인해 영화는 기대 이상의 관심을 받았다. 이런 고무적인 분위기는 흥행에도 적잖은 영향을 끼쳤다. 영화가 제작될 당시만 해도 연평도 해전 등 남북관계가 좋지 않아 흥행 여부에 대해서도 부정적인 시선이 많았지만 결국 〈공동경비구역 JSA〉는 〈쉬리〉의 흥행 바통을 이어받으며 분단영화의 새로운 장을 열었다. 그리고 〈공동경비구역 JSA〉 성공의 밑바탕에는 허구의 상황이지만, 남북의 병사들이 만나 서로의 마음을 표현한다는 상상력이 깔려 있었다.

영화에서나 가능했던 북한 사람들과 초코파이의 만남은 몇 년 지나지 않아 현실의 일이 되었다. 현실이 된 현장은 영화 속 배경인 공동경비구역 JSA와 멀지 않은 북한의 개성공단이다. 2004년 개성공단이 본격적으로 가동되면서 공단에 입주한 남한 기업들은 북한 근로자들에게 간식을 제공했는데 그 간식이 초코파이였다. 개성공단에 입주한 200여 개 남한 기업에서 일하는 북한 근로자 4만 5,000여 명은 한 사람당 하루 2~3개의 초코파이를 지급받았다. 그리고 각종 성과에 대한 포상으로 돈 대신 초코파이를 추가로 지급받았다. 그래서 공단 현지에선 기업의 실적을 초코파이가 좌우한다는 농담이 나돌 정도였다. 개성

공단 내에서 한 달 동안 소비되는 초코파이의 양만 250만 개 이상이었다. 남북 사이의 분위기가 냉랭해지고 불협화음이 이어져도 개성공단의 초코파이 지급은 계속되고 있었다. 이렇게 서서히 북한 근로자들은 초코파이를 통해 남한과 자본주의에 대한 첫 경험을 하기 시작했다.

영화 속에서 초코파이의 달콤함을 맛보았던 북한 사람들이 이제 실제로 그 맛을 보고 북한 사회 변화를 위한 내공을 쌓고 있는 셈이다. 시간이 좀 더 흐른 뒤 북한 사람들이 영화 〈공동경비구역 JSA〉를 본다면 어떤 감상을 전할까? 남한의 수혁과 북한의 경필 사이에 오고갔던 대사는 분명 훗날에도 두고두고 회자될 것이다.

살기 위해 헤어지다
〈크로싱〉

Crossing (Keurosing)
2008년 | 한국 | 감독 김태균 | 각본 이유진 | 프로듀서 홍지용 | 출연 차인표,
신명철, 주다영 | 제작 캠프B | 배급 빅하우스㈜벤티지홀딩스

2007년 함경도 어느 마을, 엄마 용화가 쓰러지고 폐결핵이란 사실을 알게 되자, 아버지 용수
는 중국행을 결심한다. 고생 끝에 중국에 도착한 용수는 벌목장에서 일을 하지만 중국 공안에
발각돼 쫓긴다. 아내를 살리기 위해 고향과 가족 품을 떠나야 했던 용수에게 정치적 수사로 가
득한 분단과 통일의 이야기는 큰 의미가 없다. 영화 〈크로싱〉은 우리에게 통일의 시간이 언제
다가올지 모르지만 그 전에 인간의 기본권조차 지켜 주지 못하는 북한의 불합리한 부분을 해결
해야 한다고 말한다. 그리고 이를 위해 우리가 많은 관심을 기울이고 그들에게 사랑을 실천할
것을 권하고 있다.

1980년대 말 사회주의권이 몰락하면서 북한은 국제사회에서 외톨이 신세가 됐다. 사회주의권이 붕괴되기 전 북한은 소련 등으로부터 국제 시세보다 저렴한 가격에 석유를 비롯한 에너지와 원자재를 수입할 수 있었다. 하지만 사회주의 진영이 사라지면서 '사회주의 우호 가격'이라는 그들만의 거래가 사라지고, 구 사회주의권 나라들도 자본주의 질서 하에 국가 시장 가격에 따라 원자재와 물품을 거래하기 시작했다. 사회주의 우호 가격 시스템의 붕괴는 북한 경제를 회생 불능의 상태로 빠져들도록 했다.

북한의 우리식 사회주의

고난의 행군 시기로 알려진 1990년대 중반 북한 공장의 평균 가동률은 20%에도 미치지 못했다. 원자재의 공급이 어려워지면서 곧바로 외화를 획득할 수 있는 수출 상품의 생산량이 부족해졌다. 이는 다시 외화 부족으로 이어져 석탄, 석유, 곡물 등의 원자재 난을 불러오는 악순환을 촉발했다.

북한은 개방과 고립의 갈림길에서 결국 고립을 택했다. 북한은 '우리식 사회주의'를 주장하며 다른 사회주의 국가들과의 차별화를 선언했다. '우리식 사회주의'는 '조선민족의 사회주의'이고 다른 국가, 다른 민족과는 다른 차원의 사회주의로 절대 외부 자본주의와 타협하지 않겠다는 것을 의미한다. 하지만 그 속사정은 북한 주민들이 동요하고 결속이 무너지는 것을 막기 위한 고육지책이었다. 북한은 우리식 사회주의를 내세웠지만 극심한 경제난으로 굶주림을 견디지 못해 아사자餓死

藥와 식량을 구하기 위해 국경을 넘는 탈북자가 급증했다.

자유의 땅으로 넘어가는 크로싱

1990년대 중반 북한에 굶주림을 견디지 못한 아사자가 속출하자 많은 북한 주민들이 두만강과 압록강을 넘어 중국으로 들어갔다. 이들은 다시 중국 공안의 눈을 피해 중국 전역으로 흩어졌으며 이들 중 상당수는 중국과 접한 제3국의 국경을 넘어 한국으로 왔다. 이들이 국경을 넘어 자유의 땅으로 넘어가는 것을 '크로싱Crossing'이라 한다. 2008년 김태균 감독은 탈북자들의 삶을 그린 영화 〈크로싱〉을 제작했다. 영화 〈크로싱〉은 한 가족의 애절하고 슬픈 이야기를 담고 있다.

2007년 북한 함경도 탄광마을의 세 가족 아버지 김용수차인표, 어머니 용화서영화 그리고 열한 살 아들 김준신명철은 넉넉하지 못한 삶이지만 함께 있어 늘 행복하다. 어느 날, 엄마 용화가 쓰러지고 폐결핵이란 사실을 알게 되자 아버지 용수는 중국행을 결심한다. 고생 끝에 중국에 도착한 용수는 벌목장에서 일을 하지만 중국 공안에 발각돼 쫓긴다. 그러던 어느 날, 용수는 간단한 인터뷰만 해 주면 돈을 받을 수 있다는 이야기를 듣고 베이징 주재 외국 공관에 잠입하지만 본인의 의도와는 다르게 한국 땅을 밟는다.

한편 용수가 떠난 뒤, 아내 용화의 병세는 악화되고 결국 세상을 떠난다. 홀로 남겨진 11살 아들 준이는 무작정 아버지를 찾아 나선다. 용수는 한국에서 브로커를 통해 준이의 행방을 수소문하고 준이와의 만남을 시도한다. 극적으로 용수와 아들 준이는 전화 통화를 하지만 그

ⓒ 〈크로싱〉, 2008

것이 마지막이었다. 준이는 중국-몽골 국경에서 크로싱을 하다 길을 잃고 헤매다 끝내 숨을 거둔다. 용수는 절규한다. 아버지 용수와 아들 준의 간절한 약속은 안타까운 엇갈림으로 끝을 맺는 것이다.

　영화 〈크로싱〉의 주제는 지극한 가족 사랑이다. 그리고 가족에 대한 사랑조차 지켜주지 못하는 북한 체제에 대한 분노를 일으킨다. 영화 〈크로싱〉 주인공 용수를 통해 가족이 없는 남한에서의 풍요로운 삶은 큰 의미가 없음을 알려 준다. 가족들에게 줄 비타민제를 사들이던 용수는 아내의 죽음을 전해 듣고 이렇게 목이 메어 말한다.

　　"예수님은 어떻게 남조선에만 계십니까? 예수님은 부자 나라에
　　만 사십니까?"

이 말은 주인공 용수의 절규이자 '왜 말로는 동포 사랑을 외치면서, 정작 실천은 하지 않느냐'는 강한 메시지이다. 아내를 살리기 위해 고향과 가족 품을 떠나야 했던 용수에게 정치적 수사로 가득한 분단과 통일의 이야기는 큰 의미가 없다. 영화 〈크로싱〉은 우리에게 통일의 시간이 언제 다가올지 모르지만 그 전에 최소한의 인간의 기본권조차 지켜 주지 못하는 북한의 불합리한 부분을 해결해야 한다고 말한다. 그리고 이를 위해 우리가 많은 관심을 기울이고 그들에게 사랑을 실천할 것을 권하고 있다.

북한은 시간이 많지 않다

이념의 철옹성과 같은 북한에도 변화의 시간이 다가오고 있다. 북한의 미래를 이야기할 때마다 언급되는 것은 김정은 체제가 지속 가능할 것인지와 북한 핵 문제 해결 등 지금 당면한 문제들이다. 북한 체제는 단 1년, 아니 수개월 앞도 예측할 수 없을 만큼 안갯속에 감춰져 있다. 남한 정부도, 북한 전문가도, 언론도 모두 북한 최고 지도자들의 정치적인 리더십에만 초점을 맞추고 있다. 설사 김정은의 리더십이 굳건해지고 핵을 통해 나름의 이익을 계속 취하더라도 북한 체제는 10년 안에 이전과는 다른 새로운 위기에 봉착할 가능성이 농후하다.

북한은 과거처럼 중앙의 절대 권력이 강력한 정보 통제를 하지 못하고 있다. 국가의 묵인 아래 곳곳에 장마당이 성행하고, 수시로 중국 국경을 넘나드는 사람이 많아졌다. 과거와 같은 정보 통제가 힘들다는 것을 북한 당국 스스로 잘 알고 있다. 이전과 다른 다양하고 새로운 현상들이 북한 사회에 나타나고 있다. 가장 대표적인 것이 북한에 부는 '한류' 문화 현상이다. 한류 문화 콘텐츠는 중국-북한을 거치는 유통 구조가 반영돼 북한 내에도 막강한 영향을 미치고 있다. 더 이상 북한에서 만든 자체 콘텐츠는 북한 사람들에게 매력을 주지 못한다.

또한 10년 뒤 북한의 위기는 인구 구성의 변화에서도 발생할 것으로 보인다. 2010년 한국보건사회연구원에서 발표한 '2008년 북한 인구센서스를 통해 본 북한 보건지표 평가'에 따르면 2008년 북한의 인구 연령 분포는 경제적인 형편이 비교적 좋았던 1960년대 초에서 1970년대 중반 사이에 태어난 인구는 많은 반면 경제적으로 어려움을 겪기 시작한 1990년대 이후 출생자는 적은 편이다. 그리고 1980년대 이후 출생자들은 성장기에 나라가 경제적 위기를 맞아 영양 상태가 좋지 못하고 과거 세대만큼 정상적인 교육을 받지 못한 이들이 많다. 2020년이 되면 북한 체제의 전성기인 1960년대에 태어나 안정적인 시스템에서 양육된 이들이 50~60대에 이르게 된다. 이들 역시 북한 체제에서 힘들기는 마찬가지지만 적어도 성장기 때에는 큰 어려움이 없었다.

하지만 성장기에 제대로 먹지도, 교육받지도 못한 이들의 첫 세대인 1980년대 출생자들이 30~40대가 되어 나라의 중추적인 역할을 할 것이다. 물론 엘리트층들은 이전과 다름없이 안정되게 커 왔겠지만 그 이외의 계층은 이전 세대와 확연한 차이가 날 수밖에 없다. 절대 인구가 부족해져 군대, 공장 같은 북한 운영에 필요한 각종 일터에 사람이 부족한 시대가 도래할 것이다. 그리고 남은 인구마저 성장기 때에 영양을 제대로 공급받지 못하고 교육을 제대로 받지 않은 이들이 많아 사회를 운영하는 데에 있어 사람이 없는 인구난과 양질의 인

ⓒ 〈크로싱〉, 2008

적 자원 부족이 북한 체제를 위협하는 새로운 요인이 될 수 있다. 실제로 북한은 2012년 군대 입대 자격이 되는 신장의 하한선을 145cm에서 142cm로 낮췄다. 2012년 군 입대 대상자는 1995년생으로 '고난의 행군'이 시작된 시점이다. 남한에서는 11〜12세 어린이의 평균 신장이 이미 145cm를 넘어섰다.

　지금 북한에게 남은 것은 '허울뿐인 체제에 대한 자존심', '핵 기술' 그리고 '평양'이라는 우리식 사회주의 상점의 쇼윈도Show Window뿐이다. 그 이외에는 없다. 외화난, 에너지난, 식량난, 원자재난에 이어 향후 인구난까지 예상할 수 있다. 북한의 다음 세대는 지금보다 형편이 여러모로 더 열악할 것이다. 북한은 지금 새로운 사회를 위한 디자인이 필요한 때다. 그 디자인의 핵심은 사람에 대한 '존중'에 있다.

이제 그들을 위해 함께 울자

영화 〈크로싱〉에 출연한 배우 차인표는 처음 출연 제의를 받았을 때 거절을 했다고 한다. 배우로서 상업적으로 성공할 것 같지 않았고, 대본과 감독, 프로듀서만 있는 상태에서 과연 투자를 받아 만들어질 수 있을지도 의문이 들었던 것이다. 그러나 대본을 읽은 뒤에 '탈북자'라는 단어는 서서히 그에게 스며들었고 그렇게 〈크로싱〉과의 인연이 시작됐다. 차인표의 마음을 움직인 것은 북한 함경북도 청진역에서 굶어 죽어 가는 아이의 사진 한 장이었다. '이 아이가 죽기 전 누구의 도움을 바랐을까?', '나는 살아오면서 과연 무얼 했나?' 물음을 던지며 그는 영화 〈크로싱〉에 출연했다.

〈크로싱〉은 탈북자 문제의 심각성을 사람들에게 알리는 데 큰 역할을 했다. 그리고 차인표는 친분이 있는 연예인들과 함께 북한 어린이들을 돕기 위한 프로젝트 그룹을 만들어 노래 'Cry with us'를 발표했다. 이 앨범에는 가수 원더걸스, 인순이 등이 참여했고, 차인표가 직접 노랫말을 만들었다. 이들이 음반을 발표한 이유는 단 하나, 그들과 함께 울기 위함이었다.

사랑하는 여인을 남겨 두고
국경을 넘은 한 남자 이야기
〈국경의 남쪽〉

Over the Border(Gook-gyeoung-eui Namjjok)
2006년 | 한국 | 감독 안판석 | 각본 정유경 | 각색 안판석 | 프로듀서
이석원 | 출연 차승원, 조이진, 심혜진 | 제작 ㈜싸이더스에프엔에이치

북한 만수예술단 오케스트라 단원인 선호는 '사람을 보내서 남한으로 데려오겠다'는 말을 남긴
채 연인 연화 곁을 떠난다. 우여곡절 끝에 남한에 도착한 선호는 북에 두고 온 연화와 접촉을
시도하지만 들려온 소식이라고는 연화가 북한에서 결혼했다는 말뿐이다. 상처받은 선호는 자
신을 보듬어 주는 한국 여인 경주와 가정을 꾸린다. 그러던 어느 날 그 앞에 시집을 간 줄 알았
던 연인 연화가 나타난다. 영화 〈국경의 남쪽〉은 탈북자들이 현실 속에서 만나는 넘을 수 없는
벽을 보여 준다. 그리고 선호와 연화의 이야기는 남한에 온 탈북자들에게는 더 이상 낯선 이야
기들이 아니다.

2006년 1월 7일 전라북도 전주에 있는 '한국 소리문화의 전당'의 풍경. 1층 입구에는 김일성 주석과 김정일 국방위원장의 초상화가 나란히 걸려 있다. 공연장으로 들어서는 양편의 계단에는 '위대한 수령 김일성 동지 만세'라는 현수막과 인공기까지 걸려 있다. 로동신문과 북한 가극 공연 스틸들로 가득한 벽면을 따라 객석 문을 열면 무대와 객석은 사람들의 열기로 가득하다. 이 장면은 실제 북한 예술단의 공연 실황이 아니다. 영화 〈국경의 남쪽〉의 하이트라이트인 북한 혁명 가극 〈당의 참된 딸〉을 재현하는 장면이다. 제작진은 오케스트라 단원인 주인공 김선호의 생동감 있는 모습을 웅장한 스케일의 장면으로 연출해 냈다. 〈당의 참된 딸〉은 북한의 5대 혁명 가극의 하나로 '한국전쟁 당시 부상병을 후송하는 공을 세운 젊은 여성이 죽는 순간에도 당증과 당비를 당에 전해 달라는 유언을 남긴다'는 내용을 담고 있다. 조국^{북한}을 위해 헌신하다 죽음을 맞이하는 혁명 가극의 이야기와는 맞지 않게 영화 〈국경의 남쪽〉의 주인공은 이 공연을 마지막으로 조국을 탈출하며 사랑하는 여인과 이별을 한다.

북녘 청춘들의 엇갈린 러브스토리

영화 〈국경의 남쪽〉은 배고픔과 인권 탄압 같은 북한의 현실을 고발하는 정치색 짙은 작품이 아니다. 남녘 땅으로 내려온 한 탈북자가 북에 두고 온 연인을 못 잊어 애타게 그리다가 천신만고 끝에 재회하지만 끝내는 남남이 될 수밖에 없는 애환을 다룬 영화다. 이 영화가 보여 주는 것은 국경을 넘은 남녀에게 일어난 엇갈리는 사랑의 슬픔이다.

ⓒ 〈국경의 남쪽〉, 2006

주인공 김선호차승원는 예술가, 그것도 북한 예술가들의 로망인 만수예술단 오케스트라의 '호른' 연주자다. 선호에게는 사랑하는 연인 이연화조이진가 있다. 선호는 성격도 얼굴도 동치미 같은 시원한 연화를 정말 좋아한다. 연화는 직설적이며 씩씩한 인물이다. 순수한 청년 선호와 씩씩한 아가씨 연화는 사랑고백 또한 유쾌하다.

> 연화 : 기니까 나랑 결혼하고 싶다, 이 말입니까?
> 선호 : 야, 이거 완전히 직사포구만.
> 연화 : 선호 동지하고 나 사이에 산이래두 솟아 있어야 곡사포를 쏘지 이렇게 마주 섰는데 직사포를 쏘지 그럼 곡사포를 쏘겠어요?

연화를 향한 선호의 사랑은 순수하고 아름답다. 별일이 없는 한 일과 사랑에서 선호의 인생은 거침이 없을 듯 보인다. 하지만 늘 행복하고 평온할 것 같은 선호와 연화에게 운명의 시간이 다가왔다. 어느 날 선호의 아버지송재호가 가족회의를 소집한다. 아버지는 '6.25때 자랑스럽게 전사한 줄 알았던 할아버지는 실제로는 남한에 살아 있으며 그동안 서신을 교류해 왔다'고 고백한다. 그뿐만 아니라 아버지와 할아버지의 서신 교류가 당국에 적발된 탓에 가족의 운명까지 위험에 처했다. 결국 이들 가족은 탈북을 결행하고, 선호는 '사람을 보내서 남으로 부르겠다'는 말을 남긴 채 연화 곁을 떠난다. 이 영화의 진짜 이야기는 선호가 북한을 탈출하고 우여곡절 끝에 남한에 도착하면서 시작한다. 선호가 북에 두고 온 연화와 접촉을 시도하다가 사기를 당하고, 또 다른 여인 경주_{심혜진}를 만나며 새로운 이야기가 전개된다. 선호는 한동안 사랑하는 연화만을 떠올린다. 결국 북한쪽 소식통으로부터 연화가 결혼했다는 잘못된 소식을 들은 선호는 그의 상처와 삶을 보듬어 주는 경주와 함께 가정을 꾸린다.

선호의 가족은 남한에 와서 생존의 문제에 부딪힌다. 북으로 편지를 보내온 할아버지는 이미 돌아가셨고, 이제 이들에게 남은 것은 자본주의 남한에서 살아남는 일이다. 남한 삶에 익숙해질 무렵 연화는 죽음을 각오하고 국경을 넘어 사랑하는 한 사람 선호를 찾기 위해 남한에 나타난다. 선호와 연화는 다시 만나 변하지 않은 서로의 사랑을 확인하지만 이미 돌아오지 못할 강을 건넌 후였다. 연화는 우연히 탈북자가 운영하는 식당을 소개하는 한 TV 프로에서 선호가 경주 등 가족들과 함께 출연하는 모습을 보고는 그가 이미 결혼했다는 것을 알게 된다. 선호 역시 고민과 갈등을 한다. 사랑하는 연화가 눈앞에 다시 나타났지만 초라한 자신을 온몸으로 받아 준 현재의 아내 경주를 저버릴 수도 없는 것이다. 옛사랑의 흔적에 아파하는 선호는 어떤 선택을 하게 될까? 선호는 연화가 임시로 머물고 있는 '하나원'의 담을 넘는다.

결국 사랑을 지키고 확인하기 위해 국경을 넘었던 선호와 연화는 해피엔딩이 아닌 찢어지는 아픔과 함께 현실을 받아들이며 살아간다. 선호는 연화를 오래 잊지 못해 애태우다가 경주와의 사이에서 첫 아이가 태어나자 행복에 겨워 돌 사진을 찍기 위해 어느 사진관을 찾는다. 사진관에서 선호는 면사포를 쓴 연화의 사진을 발견한다. 알고 보니 연화는 사랑하는 선호를 떠난 후 정착 생활을 안내하고 신변을 보호해 주었던 담당 경찰관의 청혼을 받아들여 결혼을 한 것이다. 지금 연화

남한 아내, 북한 아내

선호와 연화처럼 여러 사연들로 인해 북녘에 두고 온 사랑하는 사람과 헤어져야 했던 탈북자의 이야기가 있다. 탈북자의 수가 급증하기 시작한 2000년대 이후부터 이러한 문제는 단순히 마음속에 묻어 둔 이야기가 아닌 법적인 문제로까지 확대되었다. 〈국경의 남쪽〉 속 선호와 연화는 사랑하는 사이였지만 결혼을 하지 않아 이들이 다른 사람과 결혼을 하는 데 법적인 문제가 발생하지 않는다. 하지만 북한에 배우자를 두고 혼자 남한에 왔을 경우 새로운 인연을 만나 결혼하기 위해서는 북한에 남겨 둔 배우자와 법적인 이혼 절차를 밟아야 한다.

남한에서 재혼했으나 북한의 배우자가 탈북해 남한에 올 경우 여러

ⓒ 〈국경의 남쪽〉, 2006

복잡한 문제들이 벌어질 수밖에 없다. 탈북자들 사이에서는 이와 비슷한 사례들이 실제로 벌어지고 있다. 2005년 방영된 부부 간의 문제를 다룬 KBS 단막 드라마 〈사랑과 전쟁〉에서는 '남한 아내, 북한 아내'라는 제목으로 비슷한 사연이 다뤄지기도 했다. '남한 아내, 북한 아내'에서는 남한 아내와 북한 아내, 두 아내를 두고 이러지도 저러지도 못하고 괴로워하는 탈북자 남편의 이야기를 사실적으로 묘사했다.

법원에서 멈춘 사랑

'남한 아내, 북한 아내'와 같은 사례들이 늘어나자 정부는 2007년 북한이탈주민보호법을 개정해 탈북자들이 북한의 배우자를 상대로 하는 이혼 청구를 가능하도록 했다. 그리고 2007년 4월. 북한 배우자를 상대로 이혼 신청을 한 탈북자 13명에 대해 법원은 "북한을 이탈하게 된 경위, 배우자가 남한에 거주하는지 여부가 불명확한 점, 남북이 나뉘어 주민 사이의 왕래나 서신 교환이 자유롭지 못한 현재 상태가 가까운 장래에 해소될 개연성이 크지 않은 점 등을 종합해 보면 혼인관계를 계속하기 어려운 중대한 사유가 있다고 할 수 있다"며 이들의 이혼 신청을 받아들였다. 이를 시작으로 매년 적지 않은 숫자의 탈북자들이 북한에 두고 온 배우자에 대한 이혼 소송을 진행하고 있다.

이들의 사연은 영화 속 선호와 연화의 이야기와 별반 다르지 않다. 영화처럼 이들은 그(그녀)를 두고 너무 멀리 와 버렸다. 그렇다고 되돌아갈 수도 없다. 이들은 지리적인 국경은 넘었지만 현실 속에 넘을 수 없는 벽에 부딪혀 버렸다. 그리고 사연 속의 상대방을 기다리다 결국은 법원을 찾아 이혼 청구서를 제출해야 했다. 영화 〈국경의 남쪽〉 속에서 선호가 연화를 잊고 경주와의 새로운 삶에 원하든 원하지 않든 의미를 부여하는 것처럼 말이다.

　어쩌면 악몽과도 같은 현실 속에서 선호는 가슴이 찡한 클로징 내레이션을 한다.

　　처음 소년단에 입단하던 시절이 떠오릅니다….

　　나는 위대한 수령 김일성 대원수님께서 세워 주시고

　　친애하는 지도자 김정일 장군님께서 빛내어 주시는

　　영광스러운 조선소년단에 입단하면서…

　　그땐 인생이란 게 그저 세상의 모든 적들을

　　용맹하게 물리치기만 하면 되는 줄 알았습니다.

　　망설임 없이 앞만 보고 나아가기만 하면 되는 줄 알았단 말입니다.

　　그런데, 지금 와서 보니… 삶이란

　　이해할 수 없는 음표로 가득 찬 악보와도 같아서

　　제가 할 일은 그저… 더듬더듬… 연주하는 것뿐이었습니다.

서울에서 평양까지 3시간
〈풍산개〉

Poongsan (Pungsangae)
2011년 | 한국 | 감독 전재홍 | 각본 김기덕 | 프로듀서 전윤찬
출연 윤계상, 김규리, 김종수 | 제작 김기덕필름 | 배급 N.E.W.

휴전선을 넘나들며 심부름을 하는 정체불명의 사나이 풍산은 임진각의 소원의 벽에 적힌 메모를 통해 이산가족의 영상편지와 유품을 북에 전달하는 일을 한다. 어느 날 풍산은 국가정보원으로부터 남으로 망명한 북한 고위층 간부의 젊은 애인 인옥을 남쪽으로 데려오라는 초유의 미션을 받는다. 영화 〈풍산개〉 속의 주인공 풍산은 서울과 평양을 자유롭게 오가는 상상의 인물일 뿐이다. 현실에서의 실현 가능성은 얼마나 될까?

1970년대 박정희 정권 시절부터 오늘에 이르기까지 대북 특사는 40여 년 가까이 남북 최고 지도자 간의 비밀스러운 '대화의 창'이 돼 왔다. 2차례 열린 남북정상회담 역시 이들 대북 특사가 없었다면 성사되지 못했을 것이다.

남북을 비밀리에 오고 간 사람들

남한 최초의 대북 밀사는 박정희 정권 시절의 이후락 중앙정보부장이다. 1971년 남북적십자회담이 난관에 봉착한 직후 이뤄진 실무자급 남북접촉을 계기로, 김영주 북한 노동당 조직지도부장이 고위급 비밀 접촉을 제안했다. 그 뒤 이후락은 1972년 5월 3일간 평양을 방문해 김일성 주석과 면담했다. 이후락 부장이 평양을 다녀오고 두 달 후 7.4 남북공동성명이 발표됐다. 예상 밖에 벌어진 7.4 남북공동성명은 한반도를 충격에 빠뜨렸다.

1980년대 전두환 정부 시절에는 중앙정보부의 후신인 국가안전기획부의 장세동 부장이 그 역할을 했다. 장세동 부장은 허담 당시 북한 노동당비서와 남북정상회담을 논의했다. 노태우 정부 시절 박철언 대통령 정책보좌관은 20여 차례에 걸쳐 북한을 방문하며 7.7선언과 남북 통일방안에 대한 심도 깊은 논의를 갖는다. 바통을 이어받은 서동권 안기부장은 1990년 9월 북한을 찾아 김일성, 김정일 부자와 함께 회동했다. 그러나 '고려연방제 인정' 등 여러 조건들이 맞지 않아 정상회담은 성사되지 못했다.

대북 밀사의 최대 결과물은 남북정상회담 개최 합의다. 김대중 대통령의 최측근인 박지원 당시 문화관광부 장관은 2000년 4월 중국 베이징北京과 상하이上海에서 북한의 실질적인 대외 대화 창구인 아태평화위원회의 송호경 부위원장을 수차례 만나 역사적인 6.15 남북정상회담 개최에 합의했고, 임동원 국정원장은 대북 밀사로 같은 해 5월 북한을 찾아 김정일 국방위원장을 직접 만나 정상회담 의제를 최종 조율했다. 이처럼 과거의 대북 밀사들이 오늘날에도 회자되는 것은 극단적인 남북대결의 시대, 아무도 갈 수 없는 그곳에 가서 최고 지도자를 만나고 각종 의제를 협의하고 조절하는 역할을 했기 때문이다. 분명 보통 사람들에게 대북 밀사란 존재는 신비감 가득한 존재였다.

서울에서 평양까지 3시간

아무나 드나들 수 없는 비무장지대를 매일같이 통과해 서울과 평양을 3시간 만에 도달하는 사람이 있다면 어떨까? 그런 존재가 있다면 대북 밀사보다 더 추앙받는 존재가 될 듯싶다. 김기덕 감독은 영화〈풍산개〉를 통해 이러한 상상의 인물을 그려 냈다.

휴전선을 넘나들며 심부름을 하는 정체불명의 사나이 '풍산윤계상'은 임진각의 소원의 벽에 적힌 메모를 통해 이산가족의 영상편지와 유품을 전달한다. 사실 사람들은 실체를 잘 모른다. 단지 '풍산개'처럼 묵직하고, 든든하다고 해서 그런 이름을 붙였다.

어느 날 풍산은 국가정보원으로부터 남으로 망명한 북한 고위층 간부김종수의 젊은 애인 인옥김규리를 무사히 남쪽으로 데려오라는 초유의 미션을 받는다. 여느 때처럼 풍산은 장대높이뛰기로 휴전선을 가볍게

ⓒ 〈풍산개〉, 2011

넘는다. 풍산이 연옥을 데려오면서 풍산의 삶에도 변화가 일기 시작한다. 풍산과 인옥은 철조망을 넘다 서로에게 미묘한 감정을 느끼고, 망명한 고위 간부를 만난 인옥은 달라진 애인의 모습에 실망한다. 풍산이 인옥을 데려오자 국정원은 약속한 돈 대신 풍산을 체포하고 풍산에게 한 가지 제안을 한다. 북파되었다 북에 붙잡힌 국정원 요원을 데려오면 그를 풀어 주겠다고 말이다. 풍산은 또 한 번 목숨을 걸고 북에 잡혀 있는 국정원 요원을 구출한다.

국정원은 다시 한 번 풍산을 체포한다. 하지만 풍산의 도움을 받은 국정원 요원은 오히려 그의 탈출을 돕는다. 그런데 망명한 간부를 처단하기 위해 서울에 머물고 있던 '북한 간첩단'에게 풍산이 잡히면서 이야기는 또 새로운 국면을 맞는다. 그리고 북한 간첩단은 인옥마저 붙잡는다. 인옥과 풍산은 사랑을 확인하고, 북한 간첩단은 풍산에게 북한에 가서 인민의 배신자를 처단하고 오면 여자와 도망갈 수 있도록

해 준다고 한다. 그러나 인옥이 북한 간첩단에 의해 죽임을 당하면서 둘의 사랑은 끝내 이루어지지 못한다. 복수심에 불탄 풍산은 국가정보요원과 간첩들을 각각 한 명씩 납치해 한 방에 가둔다. 국가정보요원과 간첩들은 서로 대치해 대결을 펼치며 서로가 서로에게 총구를 겨눈다. 그리고 풍산은 또다시 휴전선을 장대 하나로 넘는다.

남북의 교류 이제는 음지에서 양지로

남북 간의 교류와 대화는 그동안 양지보다는 음지에서 많이 이뤄졌다. 남북관계가 통일을 지향하는 특수 관계다 보니 공개적인 대화보다는 물밑 접촉이나 각종 밀담을 중심으로 일이 진행되었다. 하지만 마냥 음지의 일로만 지켜볼 수만은 없다. 일단 포용적인 자세로 대화와 교류의 문을 열어 놓아야 한다. 2000년 8월 서울에서 열린 남북이산가족 상봉 행사 당시 북측 상봉단장은 유미영 북한 최고인민회의 대의원이자 천도교청우당 중앙위원장이었다. 유미영은 원래 남한 사람이었다. 1960년대 초 대한민국 외무장관을 지낸 남편 최덕신1989년 사망을 따라 미국으로 간 뒤 1986년 북한으로 들어갔다. 육군사관학교를 나와 외무부 장관까지 지낸 최덕신, 유미영 부부의 동반 월북은 당시로서는 큰 충격이었다. 그런 유미영이 북한 측 이산가족 대표가 되어 서울에 온 것이다. 하지만 당시 남한 정부는 유미영을 거부하지 않았다. 오히려 한국에 남아 있는 아들, 딸과 손주들을 만날 수 있도록 배려했다.

하지만 북한은 탈북자 출신 한국 사람들의 북한 입북을 그리 반기지 않는다. 2013년 10월 북한 당국은 탈북자 출신 조명철 새누리당 의

ⓒ〈풍산개〉, 2011

원의 개성공단 방문을 거절했다. 우리 국회 외교통일위원회 소속 다른 의원들의 방문은 승인했지만 조명철 의원은 들어오면 안 된다는 단서를 달았다. 사실 조명철 의원은 북한에게는 껄끄러운 존재이다. 탈북자가 남한의 국회의원이 됐다는 것 자체가 북한에서는 부담스러운 뉴스임이 분명하다.

2000년에 서울을 찾은 탈남녀 유미영과 2013년 탈북남 조명철의 대비되는 사례는 앞으로 우리가 풀어야 할 과제가 무엇인지 분명히 가르쳐 주었다. 통일은 바로 불편한 사람도 포용하는 연습에서 시작하는 것이기 때문이다. 우리가 제대로 연습하지 않으면 도처에서 영화 〈풍산개〉와 같은 일들이 다양한 모습을 통해 벌어질지 모른다.

신기루와 같은 남과 북의 사랑 이야기
〈인샬라〉

Inch'Alla(Insyalla)
1996년 | 한국 | 감독 이민용 | 각본 권현숙, 이민용 | 제작부장 김택환
출연 이영애, 최민수 | 제작 ㈜제이콤 | 배급 CJ 엔터테인먼트

재미 유학생 이향은 사하라 여행 도중 조난당해 밀수범으로 몰려 비수교국 알제리에 남겨진다. 경찰에 불려 간 이향은 그곳에서 일전에 우연히 마주쳤던 동양인 남자를 만나는데, 그는 경찰의 착각으로 잘못 불려온 북한 외교부의 한승엽이다. 승엽은 불안해하는 이향을 안심시키고 경찰에게 뇌물을 써 비행기표를 부탁하고 자신의 유일한 현지 친구를 소개시켜 주고 떠난다. 낯선 땅에서 만난, 같으면서도 다른 Korean. 영화 〈인샬라〉는 공동의 위기에 직면했을 때는 이념과 체제를 넘어서는 인간애와 포용력을 발휘하는 것이 필요하다는 점을 보여 준다.

아프리카는 한국인에게 미지의 세계이다. 아시아 다음으로 큰 대륙이고 대륙 한가운데 적도가 지나고 있어서 무더운 지역이 많다. 아프리카가 갖고 있는 무한한 잠재성에도 불구하고 한국과 아프리카를 직접 연결하는 항공편이 개설된 것은 비교적 최근의 일이다2012년 6월 인천- 케냐 나이로비 취항. 그동안 한국-아프리카 나라들의 직접적인 교류는 다른 대륙의 국가들의 그것에 비해 현저히 적었다. 반면 과거 북한은 아프리카 나라들과 유대 관계를 맺었다. 특히 북한은 미국, 소련으로 양극화된 냉전 체제 속에서 독자적인 입장을 갖고 자신들의 이익을 찾는 비동맹국이 많은 아프리카 국가들과의 관계에 여러모로 신경을 썼다. 그래서 1980년대 중반까지만 해도 많은 아프리카 국가들에서 'Korea' 하면 그것은 남한이 아닌 북한으로 인식하는 경우가 많았다.

잘못 울린 애국가

1982년 여름. 당시 전두환 대통령은 가봉을 비롯한 아프리카 5개국을 순방했다. 가봉에 도착해서 엄숙한 표정으로 의장대의 사열을 받던 전두환의 얼굴은 이내 변해 버린다. 가봉 군악대가 연주한 곡은 한국의 애국가가 아니었다. 그건 바로 북한의 국가였다. 당시 장세동 안전기획부장이 달려 나가 군악대 지휘자의 지휘봉을 내리치며 연주를 멈췄다. 국가가 아닌 곡을 연주한다는 것 자체가 외교적 결례인데, 그것도 북한의 국가였으니 가봉의 실수는 치명적이었던 셈이다.

반면에 가봉을 비롯한 당시 아프리카의 입장에서 보면 외교적 결례이긴 했지만 그건 그냥 하나의 해프닝으로 끝날 수도 있는 일이었다.

그들과 가까운 Korea는 한국이 아닌 북한이었기 때문이다. 그리고 한국 사람들도 구별하기 어려운 Republic of Korea한국의 공식 영문 국호, Democratic People's Republic of Korea북한의 공식 영문 국호의 차이를 외국인들이 구별하는 것은 그리 쉬운 일이 아니다.

다르고 같은 Korean

Korea란 같은 이름을 사용하지만 국제법상 다른 나라인 남한과 북한이 관련돼 벌어진 에피소드는 1980년대 후반 아프리카 북부 알제리를 배경으로 한 이민용 감독의 영화 〈인샬라〉에도 고스란히 담겨 있다. '인샬라'는 아랍어로 직역하면 '신의 뜻이라면'이란 의미다. 모든 일은 개인의 힘이 아닌 신의 허락이 있어야 비로소 가능하다란 뜻이다. 이민용 감독은 아프리카 사막에서의 남북의 이야기를 어떤 하나의 큰 섭리가 있음을 전제하고 풀어 나간다.

미국 유학생인 이향이영애은 학교 친구들과 아프리카 사하라 사막을 여행한다. 아프리카 북부 알제리 타만라셋이라는 도시에 도착한 그들은 밀수업자로 오인을 받고 출국금지 명령을 받아 낯선 땅에 억류된다. 이향은 호텔 앞에서 우연히 터번을 두른 동양 남자와 마주치며 어떤 운명적인 예감을 느낀다. 함께 여행하던 다른 나라 친구들은 자국 대사관의 도움을 받아 출국을 하지만 이향은 한국과 알제리가 미수교국인 관계로 혼자 남는다.

며칠 후, 지역 경찰서에 간 이향은 얼마 전 마주친 동양 남자와 다시 만난다. 그 동양 남자는 알제리 주재 북한 외교관실제 북한과 알제리는 1958

ⓒ 〈인샬라〉, 1996

년 _{수교} 한승엽_{최민수}이었다. 알제리 경찰이 고립된 Korean의 문제를 해결하기 위해 자국에 근무하는 Korean 외교관을 부른 것이다. 승엽은 여대생 이향에게 왠지 모를 연민을 느끼고, 자신의 외교관 신분을 이용해 그녀를 돕는다. 하지만 승엽의 협조 요청에도 불구하고 이향에 대한 출국 조치는 내려지지 않는다. 갖고 있는 돈마저 떨어진 이향은 어쩔 수 없이 한 아랍인의 집에 들어가 하숙을 한다. 그곳 하숙집 주인의 음흉한 행동에 위협을 느낀 이향은 그곳을 뛰쳐나와 낯선 땅에서 하루하루 힘겨운 삶을 살아간다.

반면 승엽은 사하라 사막의 훈련소에서 '차드 혁명반군'를 훈련시키면서 이향을 그리워한다. 그러던 어느 날 차드 정부군 기지 침투의 임무를 수행 중이던 승엽은 서울로 돌아간 줄 알았던 이향이 남아 있음을 알고 둘은 다시 운명적으로 만난다. 체제와 이념을 뛰어넘은 감정의 교감 속에서 이들은 알제리 당국의 눈을 피해 밀수업자와 함께 사막을 건너 탈출하는 모험을 감행한다. 그러나 밀수업자들과 함께 사막을 건너던 이향과 승엽은 도둑들에게 습격을 당하고 사막 한가운데 버려진다. 끝없는 사막 한가운데서 둘은 서로를 의지하며 사투를 벌인다. 현실의 답답한 갈증에서 벗어나 목을 축일 수 있는 오아시스를 찾아서 말이다.

소말리아에서 피어난 동포애

영화 〈인샬라〉 속 이향과 한승엽처럼 실제 극단의 위기 속에서 이념의 벽을 뛰어넘어 동포애로 도움을 주었던 이야기가 하나 있다. 이 이야기도 영화 〈인샬라〉처럼 미지의 땅 아프리카를 배경으로 일어났다. 1990년 12월 아프리카 소말리아 반군은 바레 정권의 장기 독재에 반기를 들어 수도 모가디슈 침공에 나선다. 정부군과 반군의 교전이 본격화되자 극도의 신변 위협을 느낀 외국 대사관과 국제원조기관은 철수하기 시작했다. 1991년 1월 초 소말리아의 수도 모가디슈에는 한국과 북한을 비롯해 단지 7개의 외국 공관만이 남아 있었다. 1월 9일 모가디슈 국제공항에서 강신성 한국 대사 일행은 간발의 차이로 탈출 비행기를 놓치고, 북한 대사관의 김영수 대사 일행을 만난다. 이미 북한 대사관은 괴한들에게 습격을 받아 모든 것을 약탈당한 후였다. 동포인 이들을 놔두고 차마 발길을 돌릴 수 없었던 강신성 대사는 북한 김영수 대사 일행 14명과 한국 대사관으로 되돌아왔다. 남북한의 외교관과 그 가족들은 극도의 긴장감 속에 위기 탈출이라는 하나의 목표를 가지고 이념과 적대감을 벗어나 공동운명체가 되었다.

이튿날 이들은 비교적 안전한 이탈리아 대사관으로 거처를 옮겼다. 강 대사는 남북 외교관과 그 가족들의 동반 탈출을 위해 북한과 외교 관계가 없던 이탈리아를 설득했으며 결국 구조기 탑승을 허락받는다. 1월 12일 이탈리아 대사관은 이탈리아 시민과 함께 남북한 대사관 직원 일행을 공항으로 이동시킨다는 계획을 세우고, 그 시간대에 정부군과 반군의 전투를 중지해 달라고 요청했다. 탈출 일정이 확정되자 강 대사는 서울의 외교부에 지금까지의 경과를 보고했고, 북한 김영수 대사에게도 이동 중 피격당한 북한 외교관과 북한 직원들의 근황을 평양에 보고해야 하지 않겠느냐고 물었다. 이탈리아 로마의 식량농업기구 FAO 북한 대표부를 통해 평양에 보고하라는 아이디어까지 제시했다.

이때 강 대사는 본의 아니게 남북한 최초의 통합 대사 역할을 했다. 강 대사는 김 대사가 북한 직원들을 시켜 만들어 온 전보 기안문의 표현을 직접 수정하고 심지어 영문 번역까지 손수 했다. 강 대사는 자신이 서울에 보낼 전문과 북한측 전문을 함께 들고 이탈리아 시카 대사에게 타전해 달라고 부탁했다. 외교관으로는 하기 힘든 경험을 한 셈이다.

이윽고 이탈리아 대사관에서 나온 탈출 차량은 소말리아 정부군과 반군의 정전을 틈타 공항에 무사히 도착했다. 남북한 직원들을 태운 차량은 대기 중인 수송기로 향했다. 기내에서 남측의 강신성 대사와 북측의 김영수 대사는 "이제 안심해도 된다" "그간 고생이 많았다"고 서로를 위로했다고 한다. 장장 12일간에 걸친 '대탈출극'이 마무리되는 순간이었다. 수송기는 두어 시간 비행 끝에 케냐 남부 항구도시 몸바사공항에 도착했다. 남북 외교관과 가족들은 비행기에서 내려와 악수와 포옹을 하며 아쉬운 작별을 해야 했다. 그간 고생에 대한 회포도 풀고 동포의 정을 더 느낄 수 있었을 텐데, '안전지대'에선 그러한 행동이 암묵적으로 용납될 수 없었을 듯싶다.

강신성 대사를 비롯한 남북 외교관들의 이 극적 체험은 내란에 휩싸인 타국에서 뜨거운 인간애와 동포애를 발휘해 남북 간 화합을 위해 노력했다는 점에서 높이 평가할 수 있다. 강 대사는 "극한 상황에 몰리니까 이데올로기나 국가가 없더라. 인간애적 입장에서 서로 돕고 살자는 의지뿐이었다. 대승적 차원에서 북한에 대해 포용력을 발휘하는 게 중요하다"고 말했다. 남북이 함께한 1991년의 소말리아 대탈출은 공동의 위기에 직면했을 때는 이념과 체제를 넘어서는 인간애와 포용력을 발휘하는 게 필요하다는 점을 보여 준다. 그것은 남북관계, 나아가 역사의 큰 물줄기를 바꾸는 샘이 될 수 있다는 가능성을 보여 주었다. 그리고 그러한 마음은 영화 〈인샬라〉 속의 이향과 한승엽의 그것이기도 하다.

축구로 뭉친 그들만의 리그
〈꿈은 이루어진다〉

On the Pitch(Kkumeun Irueojinda)
2010년 | 한국 | 감독 계윤식 | 각본 계윤식 | 프로듀서 이배훈 | 출연 이성재,
최지현, 강성진 | 제작 ㈜드림슈거픽쳐스, ㈜YK픽쳐스코리아, ㈜EXCON
CO,LTD | 배급 CJ엔터테인먼트㈜

비무장지대 동부전선 북한 43GP부대 1분대 분대장 리철수는 한국의 축구 선수 계보를 꿰고
있을 정도로 열혈 축구팬이다. 1분대장은 수색 구역에서 우연히 남측 병사들과 맞닥뜨리고 긴
장 속의 대치 끝에 멧돼지를 함께 나눠 먹는다. 그리고 2002년 한일 월드컵이 한창인 때, 축
구에 대한 관심과 남측 병사들의 호의에 북측의 부대원들은 조심스레 마음을 열고 은밀한 교류
를 시작한다. 영화 〈꿈은 이루어진다〉은 남북이 축구공으로 하나 되던 경평축구와 K리거 정
대세를 떠오르게 한다. 정치적으로 보면 답답한 현실이지만 서울과 평양을 오가는 경평축구는
통일의 불쏘시개 역할을 할지도 모른다.

우리나라에 축구가 들어온 것은 1882년 즈음이다. 당시 인천 제물포 항에 입항한 영국 군함 플라잉 피시호 승무원들이 배에서 내려와 공을 찬 것이 한국 축구의 첫 시작이다. 본격적인 축구 보급에는 선교사들 의 공이 컸다. 그들의 도움으로 전국에 축구가 퍼져 나갔다.

서울과 평양을 오고 간 경평축구

축구가 민족적 스포츠로 관심과 열기가 높아진 계기는 서울과 평양의 경평京平전이 열리면서부터다. 1929년 10월 조선일보 주최로 경평축 구 1회 대회가 열렸다. 평양 팀은 체력으로 밀어붙이기에 강했고, 연희 전문과 보성전문 선수들이 주축인 서울 팀은 전술 위주의 경기를 펼쳤 다. 경기가 있는 날에는 서울 시내의 가게가 거의 문을 닫을 정도였다. 서울과 평양을 오가며 열렸던 경평축구는 광복 이듬해인 1946년까지 모두 8회에 걸쳐 23경기가 치러졌다. 그 후 44년간 남북을 서로 오가 는 축구 교류는 끊겼다. 해외에서 청소년대표팀과 국가대표팀이 한차 례씩 만났을 뿐이다.

그러다가 남북화해 분위기를 타고 1990년 10월 평양과 서울에서 '남북통일축구교환경기'가 열려 국민을 열광케 했다. 하지만 그것도 1 회성에 그쳤다. 그동안 정부, 대한축구협회, 서울시 등이 나서서 여러 차례 경평축구를 부활시키려 애썼지만 남북관계가 꼬여 실현되지 못 했다. 축구에 대한 관심은 한국만 높은 것이 아니다. 북한 역시 축구 열 기는 대단하다. 축구에 조금만 관심이 있는 사람이라면 북한이 1966년 잉글랜드 월드컵 8강에 들었다는 것과 1970년대 중반까지 아시아 축구의 강자였다는 것을 상식으로 알고 있을 것이다.

대한민국과 우리 민족

계윤식 감독은 이러한 남북한의 축구 열기를 영화 〈꿈은 이루어진다〉로 녹여냈다. 이 영화는 2002년 월드컵 당시 비무장지대를 배경으로 한다. 시간적 배경은 익숙하지만 공간적 배경은 참 낯선 곳이다. DMZ 북한군 43GP Guard Post, 휴전선 감시 초소 북한 감시초소 1분대장 리철수이성재는 축구광이다. 비록 분대원들과 함께 바람 빠진 축구공을 차지만 축구에 대한 열정만큼은 따라갈 이가 없다. 2002년 한국이 폴란드를 상대로 월드컵 첫 승을 거둔 후 남한의 한 병사가 무전으로 북한을 향해 승리의 기쁨을 무전으로 보냈다. 43GP 감청병으로부터 한국 팀의 선전 소식을 들은 1분대장과 분대원들은 자기 일처럼 즐거워한다.

그러던 어느 날 야간 수색을 하던 1분대원들은 멧돼지를 쫓다가 한국군과 마주친다. 서로 총을 겨누던 북한군과 한국군은 함께 멧돼지 바비큐를 즐기며 경계를 푼다. 그리고 이들의 이야기 화제는 단연 월드컵 축구 경기였다. 이후 한국군은 북한 병사들이 월드컵 중계를 들을 수 있도록 신호를 보낸다. 1분대원들은 월드컵 중계를 청취하기 위해 몰래 무전기를 조립한다.

무전을 통해 대화 채널을 만든 남과 북의 병사들은 급기야 비무장지대에서 그들만의 축구 경기를 하기에 이른다. 그리고 친선 경기를 마치고 위성으로 중계되는 한국-이탈리아의 월드컵 16강 경기를 같이

ⓒ 〈꿈은 이루어진다〉, 2010

관람한다. 이탈리아는 1966년 월드컵에서 북한에 패했고 2002년 월드컵에서 한국에 패한 팀이다. 당시 한국 응원단은 'AGAIN 1966'이라는 강렬한 카드섹션을 하기도 했다. 한국-이탈리아 경기를 지켜보는 한국 병사들은 열정적으로 "대한민국"을 외친다. 북한 병사들은 어색함을 느낀다. 북한 병사들은 이내 "우리 민족 짝짝짝 짝짝"으로 바꿔 외치고 한국 병사들도 같이 반응한다.

하지만 남과 북 병사들 사이의 밀월 관계는 북한 통신 감청단의 수사에 의해 꼬리가 밟힐 위기에 처한다. 43GP 근처에서 비밀스러운 통신이 오고 간 것을 파악한 감청단은 GP를 대상으로 조사에 들어간다. 이에 1분대원들은 남측에서 온 물건들은 소각하고 철저한 내부 단속을 한다. 그래도 월드컵 중계만은 포기할 수 없어 한국-스페인 간의 8강 경기도 청취한다. 결국 감청단은 1분대가 한국군과 접촉이 있었다는 것을 밝히고 1분대장은 모든 책임을 지고 자백하기에 이른다. 위기에 처한 리철수 분대장을 돕기 위해 분대원들은 분대장을 남쪽으로 보내기로 하고 한국군에 무전으로 도움을 요청하고 GP의 감시가 소홀한 틈을 타 분대장을 탈출시킨다. 1분대장은 사력을 다해 남으로 뛰어가고 한국군의 도움을 받는다. 그리고 8년 뒤인 2010년. 남과 북이 처음으로 동반 출전한 남아공 월드컵에서 리철수 분대장은 해설위원 이철수로 변신해 북한-브라질 경기를 중계하기에 이른다.

K리거 정대세의 눈물

2010년 5월 개봉된 영화 〈꿈은 이루어진다〉는 가상의 북한-브라질전 중계방송 장면을 상상하며 해피엔딩으로 끝났다. 영화 개봉 1달 뒤인 2010년 6월 16일 44년 만에 월드컵 본선 무대를 밟은 북한과 우승 후보 브라질 간의 실제 경기가 열렸다. 경기에 출전한 북한 대표팀 정대세 선수는 하염없이 눈물을 흘렸다. 그의 눈물은 독특한 개인사와 오버랩되면서 전 세계 수많은 축구 팬들에게 강렬한 인상을 남겼다.

　정대세는 일본에서 태어나고 자란 재일 교포 3세다. 아버지는 한국 국적을, 어머니는 조선 국적을 갖고 있다. 정대세는 아버지를 따라 한국 국적을 갖게 되었다. 재일 교포는 대부분 일제 강점기에 강제로 징집되거나 징용으로 끌려가 일본에 정착하게 된 사람들이다. 당시에는 한국 정부가 수립되기 전이라 모두 조선 국적을 갖고 있었다. 그러나 1945년 해방 이후 한반도가 남과 북으로 갈라지면서 일부는 북한 국적을, 일부는 한국 국적을 갖게 되었다. 조국이 남과 북으로 갈라졌지만 재일 교포에게는 영원히 분단되기 전의 '조선'이 고향이다. 그래서 많은 재일 교포들이 "한국도 북한도 모두 조국이다"라고 말하고 있다.

정대세의 아버지는 대세를 일본 학교에 보내려 했지만 어머니는 대세를 조선학교에 보냈다. 정대세는 초등학교 3학년 때부터 축구를 본격적으로 시작했다고 한다. 조총련계 대학인 일본 조선대를 졸업하고 J리그 가와사키 프론탈레에 입단, 프로 축구 선수로 활약한다. 이어 북한 팀 대표 선수로 월드컵에 출전한다. 한국 국적을 갖고 있으면서 북한 대표팀 선수로 출전하는 데도 우여곡절이 많았다. 재일 교포의 역사적 현실과 특수한 상황을 세계축구연맹에 호소해 어렵게 북한 팀 대표 선수로 뛸 수 있었다. 그리고 독일 FC쾰른을 거쳐 2013년부터는 한국 K리그 클래식의 수원 팀에서 뛰고 있다. 한국 국적인 재일 교포 3세 출신의 북한 축구 대표팀 선수가 한국 프로 축구 리그의 선수가 된 것이다.

꿈은 이루어질까

수원 팀은 그의 국적 문제를 아시아축구연맹AFC에 의뢰했다. 정대세는 북한 대표팀 선수가 되는 과정에서 자연스럽게 북한 여권을 취득했다. 이 때문에 정대세는 소유 여권 발행국을 기준으로 삼는 아시아축구연맹에는 북한 국적의 선수로 등록됐다. 이런 상황에서 정대세가 수원 팀에 입단하게 되자, 그가 북한 선수인가 한국 선수인가라는 의문이 제기됐다. 아시아축구연맹은 사실상 그의 한국, 북한 이중 국적을 인정했다. 이중 국적을 인정받음으로써 정대세는 국가대표 간의 경기인 A매치에서는 북한 대표팀 선수로 뛰고, 아시아축구연맹 챔피언스리그

ⓒ 〈꿈은 이루어진다〉, 2010

경기에서는 한국 선수 자격으로 뛰게 됐다.

복잡하고 우여곡절이 많은 상황속에서도 정대세는 이러한 고백을
한다.

> 저보고 어느 나라 사람이냐고 물으면 저는 '재일在日'이라고 대
> 답합니다. 재일은 일본도 아니고 한국 사람도 아니고 북한 사람
> 도 아닙니다. 그럼 어디 사람이냐고 물으면 대답이 궁해집니다.
> 재일 사람이라는 것은 없기 때문입니다. 그래서 더더욱 우리의
> 뿌리를 소중하게 지켜야 합니다. 세계의 정대세가 되어 '재일'의
> 존재를 알려야 하는 것이 저의 존재 이유입니다.

축구 선수 정대세가 브라질전에서 눈물을 흘린 이유는 바로 그 재일
의 의미였으며, 그 이전에 '뿌리'에 대한 고민이 남달랐기 때문이었을
것이다. 영화 〈꿈은 이루어진다〉의 남북 병사들도 결국은 축구를 통해
그 뿌리를 확인할 수 있었다. 이제는 더 이상 머뭇거릴 필요가 없다. 정
치적, 군사적, 이념적으로 보면 답답한 현실이지만 1930~40년대 서
울과 평양을 오갔던 경평축구의 열기를 부활시켜 통일의 불쏘시개 역
할을 하는 노력이 그 어느 때보다도 절실해졌다. 앞으로 이루어질 꿈
을 위해 말이다.

사랑으로 장벽을 뚫어 버린 세기의 로맨스
〈남남북녀〉

Love: Impossible (Namnam Buknyeo)
2003년 | 한국 | 감독 정초신 | 각본 정초신 | 각색 이미정 | 프로듀서 왕희광
출연 조인성, 김사랑 | 제작 ㈜아시아라인 | 배급 ㈜튜브엔터테인먼트

남한 대학생 철수와 북한 대학생 영희는 중국 연변에서 열리는 남북 대학생 고구려 고분 발굴 탐사에 참가한다. 철수는 영희에게 반하고 그녀의 마음을 사로잡기 위해 모든 수단을 동원하지만 영희는 쉽게 넘어오지 않는다. 탐사 도중 고분 입구가 무너져 철수와 영희는 그 안에 갇힌다. 영화 〈남남북녀〉는 중국 연변에서 남북의 고위층 자제들이 고구려 고분 발굴을 같이 하며 사랑을 키워 간다는 신선한 소재의 영화다. 영화 속 남북의 청춘들의 관계는 마치 한반도라는 사우나의 냉탕과 온탕을 수시로 오가는 느낌이다.

우리가 자유롭게 해외여행을 하기 시작한 것은 서울올림픽 직후인 1989년부터다. 그 이전에는 보통 사람이 여행을 목적으로 외국에 나가는 것이 그저 희망사항일 뿐이었다.

평양에 간 남한 여대생

해외여행이 자유화된 그해 여름 남한의 한 여대생이 북한 평양을 방문하며 나라 안팎에 큰 충격을 일으켰다. 이 여대생의 이름은 임수경현재 국회의원이다. 1989년 한국 사회는 평양에서 열리는 사회주의권 청년들의 행사인 '세계청년학생축제' 참여 문제로 연일 소란스러웠다. 당시 대학생 연합단체인 '전대협'에서는 몰래 평양에 보낼 대학생을 물색한 끝에 한국외국어대 불어과 4학년 임수경을 찾아냈다. 그녀는 학생운동과 관련해 구속된 전력이 없는 데다 당시로서는 발급받기 어려웠던 여권을 가지고 있어 언제라도 출국하는 데 문제가 없었다. 임수경은 도쿄, 베를린, 베이징을 거쳐 평양에 도착했다. 평양 도착과 함께 그녀의 평범했던 삶은 사라지고 이전과는 다른 삶을 살아야 했다. 남과 북 모두에서 말이다.

임수경의 방북으로 남한에서는 한바탕 난리가 났다. 그녀의 일거수일투족은 친북 좌경화된 철부지의 치기 어린 행동으로 치부돼 지탄을 받았다. 귀국 후 국가보안법을 적용하여 사법처리되는 것은 이미 기정사실이었다. 반면 북한 주민들은 맑고 화사한 얼굴의 임수경에 매료됐다. 머리에서 발끝까지 임수경의 모든 것은 북한에서 핫 이슈였다. 축전 내내 임수경이 입고 다닌 티셔츠가 큰 인기를 끌면서 이른바 '임수경 패션'이 유행할 정도였다. 또한 북한 주민들은 북한 전역에 방영된 임수경의 집 내부를 지켜보면서 권력에 저항하는 인민의 집에 컴퓨터와 기름진 음식이 있다는 데 놀라움을 금치 못했다. 지금 북한에 불고 있는 한류의 원조는 단연 임수경이었다고 해도 과언이 아니다.

이야기 속 남북의 청춘들

임수경의 등장에 가장 열광했던 사람들은 북한의 청년 대학생들이었다. 그들에게 남한의 여대생은 친근하면서 낯선 호기심의 대상이었다. 같은 청춘이기에 더 열광했고 더 깊숙이 받아들였다. 어쩌면 남모르게 임수경을 짝사랑한 북한 남자 대학생이 있었을지도 모른다. 이러한 남과 북 청춘들의 이야기는 영화, 소설, 드라마 속에도 종종 등장한다. 이야기의 대부분은 우정보다는 이성 간의 사랑에 초점을 맞추고 있으며 남한 남자와 북한 여자가 사랑을 꽃피워 가는 경우가 많다. 어떤 평론가들은 이러한 현상을 '타자에 대한 호기심'의 반영이라고 설명한다. 여기에서 타자는 매력적인 여성으로 표현되기도 한다. 과거 미모의 북한 응원단이나 해외에서 운영 중인 북한 식당의 매력적인 여종업원에게 호기심 어린 시선을 주며 그들을 북한의 또 다른 이미지로 받아들이는 것도 '타자에 대한 호기심' 때문이다. 각종 이야기 속에 등장하는 남한 남자-북한 여자의 구도는 어쩌면 북한을 소유하고 싶어 하는 남한이 가진 남성성일지도 모른다.

정초신 감독의 영화 〈남남북녀〉는 이러한 구도에 충실한 코미디물이다. 영화 제목부터 '남남북녀' 아니던가. 원래 '남남북녀南男北女'라는

© 〈남남북녀〉, 2003

말은 조선 시대 실학자 이능화의 '조선여속고朝鮮女俗考'에서 유래된 것으로 알려져 있다. '남남북녀'는 당시 시중에 떠도는 말을 채집해 놓은 것으로, 남쪽 남자와 북쪽 여자 가운데 미남미녀가 많다는 의미를 담고 있다.

영화 〈남남북녀〉 속에서 남한 국가정보원장의 아들인 대학생 철수조인성는 공부에는 별 관심이 없고 여성에게만 관심이 있는 바람둥이다. 철수의 지도교수는 졸업하기 위해서는 중국 연변에서 있게 될 남북 대학생 고구려 고분 발굴 탐사에 참가해야 한다는 조건을 내건다. 고구려 고분 발굴단에 참가한 철수 앞에 북한 여대생 영희김사랑가 나타난다. 북한 인민무력부장의 딸인 영희는 북한 최고의 대학에서 일등상을 받은 모범생으로 고구려 고분 발굴단에 선발되는 특전을 얻었다.

철수는 영희에게 반하고 그녀의 마음을 사로잡기 위해 모든 수단을 동원한다. 하지만 콧대 높은 영희는 쉽게 넘어오지 않는다. 이에 오기가 생긴 철수는 고구려 상통고분을 먼저 발견하는 것으로 영희의 콧대를 꺾으려 하고, 영희 역시 이에 지지 않는다. 하지만 작업 도중 고분 입구가 무너져 철수와 영희는 그 안에 갇힌다. 고분 안에서 두 사람은 서로에게 책임을 미루며 다투지만 결국 서로를 의지한다.

이러한 이들의 모습이 남북 당국에 보고되고, 소식을 들은 남북의 아버지들은 이들을 귀국시키기 위해 각기 요원을 급파한다. 서로의 마음을 확인한 철수와 영희는 고민 끝에 사랑을 택하게 되고 남북 요원들에게 쫓기다 결국 각기 자기의 조국으로 돌아간다. 그리고 시간이 흘러 역사학자가 되어 평양을 방문한 철수는 영희에게 다시 사랑을 고백하고 둘의 사랑은 결실을 맺는다.

영화 〈남남북녀〉는 중국 연변에서 남북의 고위층 자제들이 고구려 고분 발굴을 같이 하며 사랑을 키워 간다는 신선한 소재의 영화다. 그러나 내용 속으로 들어가 보면 지나온 남북관계만큼이나 답답함을 내포하고 있다. 철수와 사랑에 빠지면서 영희는 적극적이고 실력 있는 대학생이 아니라 보호 본능을 자극하는 나약한 여주인공으로 변해 버린다. 영화 속 남북의 청춘들의 관계는 마치 사우나의 냉탕과 온탕을 수시로 오가는 느낌이다.

청춘의 가능성과 상상력

영화 〈남남북녀〉에 대한 사람들의 평가는 한마디로 최악이었다. 극장에서 개봉한 지 열흘도 지나지 않아 간판을 내렸을 뿐 아니라 2003년 평론가와 관객이 선정한 워스트worst 영화 리스트에 오르기도 했다. 어떤 영화평론가는 영화의 주인공인 철수와 영희를 빗대어 '초등학교 1학년 국어 책 첫머리에서 따온 이 상징적인 이름이 영화의 지적 수준에 걸맞은 진정 탁월한 선택'이라고 평하기도 했다.

작품성과 흥행에서 실패했지만 이 영화에 긍정적인 면이 없는 것은 아니다. 이 작품의 공간적인 배경은 중국 연변, 즉 만주라 불리는 곳이다. 이곳은 한때 우리 민족이 적극적으로 활동했던 곳이고 지금도 200만 명에 가까운 우리 민족이 거주하고 있는 곳이다. 이 영화는 우리의 옛 땅 만주에서 남북한 대학생들이 함께 모여 조상의 얼이 담겨 있는 고구려 고분을 발굴한다는 나름 의미 있는 상상을 하게 만들었다.

물론 이러한 소재는 지금 중국과의 외교관계를 생각한다면 희망사항일 뿐이다. 거대한 공룡이 되어 버린 중국은 현재의 국경 안에서 전개된 과거의 모든 역사를 중국 역사로 만드는 작업을 하고 있다. '동북공정東北工程'이라 불리는 이 작업은 만주 속에 있는 우리의 흔적들을 통째로 삼키고 있다. 그래서 만주에 있는 고구려 유적에 대한 한국인들의 접근을 까다롭게 하고 있다. 지금은 중국에 속해 있지만 엄연히 만주는 우리 역사의 한 페이지를 장식했던 곳이다. 비록 영화 속이지만 상상력을 통해 우리는 고구려의 숨결을 느낄 수 있었다. 그것도 남북의 젊은 대학생들이 중심이 되어서 말이다.

가자 북으로 오라 남으로

영화 〈남남북녀〉가 주는 또 하나의 매력은 바로 청춘들의 열정 그 자체이다. 살아온 배경이 다른 청춘들이지만 갈등 끝에 서로를 이해하고 공감한다. 한국 현대사를 보면 청춘의 사랑과 열정에서 나오는 에너지는 사회를 변동시키는 원동력이 되었다. 부패한 독재정권을 무너뜨린 1960년 4.19혁명이 그랬고 민주화를 이룬 1987년 6월 민주항쟁이 그랬다. 공교롭게도 4.19혁명과 6월 민주항쟁이 성공한 직후 두 번 다 남한의 청춘들은 북녘의 청춘들과 민족의 미래를 함께 이야기하고 싶어 '남북학생회담'을 추진했다. 이때 이들이 외친 구호는 '가자 북으로 오라 남으로'였다. '남북학생회담'은 성사되지 못했지만 이들이 가졌던 순수하고 뜨거운 함성은 결코 사라지지 않았다.

이들이 가졌던 그 첫 마음은 바로 청춘의 열정과 갈망이었고, 역사를 움직이는 원동력이었다. 누구에게나 청춘의 시간이 있다. 그리고 육체적 나이가 들어도 청춘의 마음을 지니고 사는 사람도 많다. 중요한 것은 마음이다. 만물이 소생하는 푸른 봄날의 시냇가처럼 대립과 갈등을 녹이고 상대방을 존중하고 뜨겁게 포옹하는 그런 마음이다. 푸른 청靑 봄 춘春 그게 청춘靑春 아니던가. 그 청춘이 바로 우리의 미래요 희망이다.

땅속에서 이루어진 마을 사람들의 속삭임
〈만남의 광장〉

Underground Rendezvous (Mannam-eui Gwangjang)
2007년 | 한국 | 감독 김종진 | 각본 이현철 | 프로듀서 정필주 | 출연 임창정,
박진희, 임현식 | 제작 (주)씨와이필름 | 배급 쇼박스㈜미디어플렉스

1953년 어느 날 강원도의 작은 마을 청솔리 언덕에 군인들이 찾아와 철책을 세우기 시작한다. 철책 치는 일을 도와주고 집으로 돌아가려는 사람들을 군인들이 막아선다. 마을 사람들은 순식간에 형은 북쪽으로, 동생은 남쪽으로 흩어진 이산가족이 된다. 휴전선을 사이에 두고 윗마을과 아랫마을로 나뉜 청솔리 주민들은 만남을 위해 땅굴을 파고, 그로부터 30년이 지난다. 분단 상황을 풍자한 영화 〈만남의 광장〉은 블랙코미디 영화다. 이 영화는 이데올로기라는 거대한 틀 속에서 납득할 수 없는 이별을 해야 했던 가족들의 만남을 기발한 상상력을 바탕으로 맛깔나게 풀어내고 있다.

경기도 파주 도라전망대에서 군사분계선을 바라보면 초대형 태극기와
인공기가 마주하고 있다. 남측의 대형 태극기는 판문점 공동경비구역
JSA 서남쪽 바로 옆에 있는 남측 비무장지대DMZ, demilitarized zone 내의
유일한 민간인 거주지인 대성동 마을에 위치하고 있다. 대성동 마을에
서 군사분계선까지는 대략 4백 미터 정도로 이곳에는 약 2백여 명의
민간인이 거주하고 있다.

대형 태극기가 있는 대성동 마을

해방 직후 이곳은 행정구역상 경기도 장단군 군내면 조산리 대성동이
었다. 1950년 한국전쟁 이전까지 대성동과 그 주변은 한적한 한국의
농촌 마을이었지만 전쟁 기간에는 세계의 주목을 받은 전선의 교착점
이었다. 1951년 대성동은 정전회담이 열리던 판문점 근처라 다행히도
교전에서 제외돼 일반인들의 거주가 가능했다. 군사분계선 너머 북측
비무장지대의 마을로는 기정동 마을이 이곳과 같은 이유로 민간인 거
주가 가능하다. 이 두 마을 사이의 거리는 8백 미터에 불과하다.
  대성동 마을은 대한민국 정부가 아닌 유엔군사령부의 통제하에 있
다. 이는 '정전협정' 제1조 10항 "비무장지대 내의 군사분계선 이남의
부분에 있어서의 민사 행정 및 구제 사업은 국제연합군 총사령관이 책
임진다"에 근거한 것이다. 그렇다고 이곳이 치외법권 지대는 아니며,
대성동 주민이 범법 행위를 하면 일단 대성동에서 추방되는 형식을 거
친 후, 대한민국 법률에 의해 규제받는다. 또 대성동 주민은 참정권과
교육받을 권리를 갖는 면은 다른 지역의 국민들과 같으나 국방의 의무

와 납세의 의무는 면제받고 있으며 정부로부터 각종 지원을 받는다.

대성동 마을 주민 대부분은 농업으로 생계를 이어 가고 있는데, 여기서 나는 농산물은 청정 자연환경에서 재배돼 비싼 가격에 판매되고 있다. 마을 주민의 평균 소득은 7,000~8,000만 원 정도 수준으로 한국 중산층의 평균을 상회할 정도다. 하지만 주민들이 마을을 장기간 떠나 있을 때는 유엔군사령부의 허가를 받아야 하고 매일 저녁 호구 조사를 받는 등 생활에 각종 제약이 있다. 마을 사람들이 북한과 가까운 지역에 농사를 지으러 나갈 때는 반드시 경호를 위해 군인들과 동행해야 한다. 또한 수십 년 농사를 지어도 땅 소유권을 주장할 수 없으니 주민들의 고충은 이만저만이 아니다.

북쪽과 물리적인 면에서는 상당히 가까이 있으나 접촉할 수 있는 틈새조차 허용되지 않는 곳이 바로 대성동 마을이다. 설사 그러한 만남이 있다 할지라도 주변의 촘촘한 경계의 눈에 포착되어 신속하게 처리되는 것이 그곳의 현실이기도 하다. 그런데 만약 남측 대성동과 북측의 기정동 마을 사람들이 몰래 지하에 굴을 파 놓고 내통을 하고 있다면 어떤 일들이 벌어질까? 현실에서는 거의 불가능한 일이지만 영화 속에서는 실현되었다.

만남의 광장

분단 상황을 풍자한 김종진 감독의 영화 〈만남의 광장〉은 블랙코미디 영화다. 이 영화는 이데올로기라는 거대한 틀 속에서 납득할 수 없는 이별을 해야 했던 가족들의 만남을 기발한 상상력을 바탕으로 맛깔나

ⓒ 〈만남의 광장〉, 2007

게 풀어내고 있다.

　1953년 어느 날 강원도의 작은 마을 청솔리 언덕에 군인들이 찾아와 철책을 세우기 시작한다. 철책 치는 일을 도와주고 집으로 돌아가려는 사람들을 군인들이 막아선다. 마을 사람들은 순식간에 형은 북쪽으로, 동생은 남쪽으로 흩어진 이산가족이 된다. 휴전선을 사이에 두고 윗마을과 아랫마을로 나뉜 청솔리 주민들은 만남을 위해 땅굴을 파고, 그로부터 30년 뒤에 벌어지는 소동이 영화 속에 그려진다.

　30년 뒤 평화롭지만 수상한 청솔리 마을 학교에 선생 공영탄임창정이 부임한다. 교사가 되는 꿈을 찾아 부모의 가산까지 털어 섬마을에서 서울로 상경한 그는 어수룩해 보인 탓인지 서울역에서 돈이 든 가방을 강탈당하고 만다. 우여곡절 끝에 경찰서에 잡혀간 그는 '교육대'라는 단어에 솔깃한 나머지 삼청교육대에 자원하는 지경에 이른다. 갖은 어려움을 겪던 중 대열에서 이탈한 그는 멱을 감는 선미박진희에게 첫눈에 반한다. 마을 아이들의 손에 이끌려 휴전선 인근 청솔리 마을에 도착해서는 삼청교육대를 교육대학으로 잘못 이해한 사람들 덕에 얼결에 교단에 선다. 실은 원래 마을학교에 부임하기로 한 교사류승범는 청솔리로 오던 중 길을 잃고 산속에서 지뢰를 밟고 있는 상태다.

우연찮게 기회를 잡은 영탄은 밤중에 마을을 돌아다니다 선미가 이장과 은밀히 만나는 것을 보고 의심을 품는다. 알고 보니 선미는 이장의 처제. 하지만 마을 사람들은 선미 이야기를 입에 올리기를 꺼린다. 더욱이 선미는 이 동네 사람이 아니란다. 도대체 어떤 영문인가? 실은 선미는 남쪽 청솔리가 아닌 북쪽 청솔리 사람이다. 게다가 마을 사람들에게도 수상한 점이 하나둘이 아니다. 영탄은 의혹에 휩싸인 채 마을 곳곳을 뒤지면서 주민들의 비밀을 캐기 시작한다.

청솔리 마을에 휴전선이 생기면서 마을이 반쪽으로 나뉘었지만 남북으로 갈린 마을 주민들은 핏줄의 끈을 놓지 못해 땅굴을 통해 여전히 30여 년째 비밀스러운 소통을 하고 있었다. 마을 사람들은 영탄이 그들만의 비밀을 알아 버린 마당에 그를 어떻게 처리할 것인지를 두고 고민한다. 결국 마을 사람들은 영탄과 선미를 결혼시켜 영탄을 '그들만의 리그'에 합류시키려 한다. 우여곡절 끝에 영탄과 선미는 조금씩 가까워지기 시작하지만 남북 청솔리를 잇던 땅굴의 운명도 곧 끝날 조짐이 보인다. 청솔리 마을 주민들의 행동은 남북 모두의 군대로부터 서서히 의심을 받기 시작하고, 이윽고 남북의 주민들이 땅굴에 모여 큰할머니김수미의 칠순 잔치를 하게 되었을 때 30년간 은밀하게 진행된 그들만의 잔치는 끝을 맺는다.

진정한 만남의 광장을 꿈꾸며

남북으로 갈라진 마을에서 은밀하게 진행된 사람들의 만남은 결국 북쪽 마을 사람들이 남으로 내려오고 의도와는 달리 북에 남은 주인공 영탄과 선미도 시간이 흘러 탈북하는 것으로 영화는 막을 내린다. 남으로 넘어온 이들이 외딴섬으로 가게 되는 조금 이상한 설정도 있지만 영화는 해피엔딩에 가깝다. 실제로 남북이 마주하고 있는 마을 대성동과 기정동은 지금 이 시간에도 적막함 속에 긴장이 흐르고 있다. 한국전쟁 이전 이곳은 경계가 모호한 시골이었다. 같은 개성 생활권으로 마을 사이 왕래도 잦았다. 마을을 오가며 농사와 생활에 필요한 물건들을 사거나 팔기도 하고 빌리기도 했다. 그리고 두 마을 처녀 총각 사이에 혼례도 종종 있었다.

하지만 이제는 이쪽 아니면 저쪽이라는 명확한 경계와 보이지 않는 대립과 경쟁이 가득하다. 1997년에는 마을 주민 2명이 도토리를 줍다가 북한군에게 납치돼 닷새 만에 풀려난 적도 있었다. 분단선이 철책으로 명확히 표시된 것이 아니어서 주민들도 늘 마음을 졸이며 영농활동을 한다. 천안함, 연평도 사건 같은 남북 간 군사 대치 상황이라도 벌어지면 대성동 마을 출입 통제는 더욱 강화되고 마을에는 극도의 긴장감이 흐른다.

또한 대성동 마을에는 학교가 하나 있다. 바로 대성동초등학교다. 이 학교는 지금 파주시 학부모들이 가장 보내고 싶은 학교로 손꼽힌다. 이 학교는 학생 30명에 교사 25명으로 1대1 과외가 가능한 선진형 학교다. 졸업생들은 경기도 내 국립학교 중 어디든 원하는 곳을 택해 갈

ⓒ 〈만남의 광장〉, 2007

수 있다. 판문점 공동경비구역JSA 소속 미군들은 주 2~3회 이 학교를 방문해 직접 학생들에게 영어 과외도 해 주고 있다. 대성동초등학교는 한때 전교생이 10명을 넘지 못하면서 폐교 위기를 겪다 정부 지원으로 발돋움했다. 이미 다른 지역 같았으면 폐교가 되었을 법하지만 대성동 마을이기에 존속될 수 있었고, 미군의 도움을 받아 영어 특기교육까지 실시해 도시 학부모들의 선망의 대상이 될 수 있었다. 어쩌면 대성동 초등학교는 분단이 낳은 또 다른 모습이기도 하다.

오늘도 남한의 최북단 마을, 북한의 최남단 마을, 아니 남북이 만나는 마을에서는 보이지 않는 긴장과 경쟁이 계속되고 있다. 언제쯤 다시 그날이 올 수 있을까? 대성동 마을 사람들이 산속에서 도토리를 자유롭게 줍고 윗마을 기정동 사람들과 편안히 만날 그날을 기다린다.

4

옥수수가 팝콘이 되는 상상력 〈웰컴 투 동막골〉

남북한 군대의 이순신 장군 만들기 프로젝트 〈천군〉

전쟁을 겪은 소년은 더 이상 소년이 아니다 〈소년은 울지 않는다〉

지상 최대의 통일 자작극 〈간 큰 가족〉

농촌 총각과 탈북 여성의 순정 판타지 〈나의 결혼 원정기〉

핏줄에 대한 그리움 그리고 현실 〈길소뜸〉

사상 최초 남북 단일팀 〈코리아〉

남북이 통일을 약속한 이후 벌어진 국권 침탈의 위기 〈한반도〉

절망 속에서
희망을
노래하다

옥수수가 팝콘이 되는 상상력
〈웰컴 투 동막골〉

Welcome to Dongmakgol
2005년 | 한국 | 감독 박광현 | 각본 장진, 박광현, 김중 | 프로듀서 이은하
출연 정재영, 신하균, 강혜정 | 제작 필름있수다

한국전쟁이 한창이던 1950년, 태백산맥 줄기를 타고 함백산 절벽들 속에 자리 잡은 마을인 동막골에 전투기 한 대가 추락한다. 추락한 전투기 안에는 미군 조종사 스미스가 있었다. 동막골에 살고 있는 여일은 인민군 리수화 일행을 만나고 그들을 동막골로 데리고 온다. 바로 그때 자군 병력에서 이탈해 길을 잃은 국군 표현철 일행도 동막골 촌장의 집에 찾아온다. 동막골에는 긴장감이 흐르기 시작한다. 국군, 인민군, 연합군의 갈등과 화해를 그린 영화 〈웰컴 투 동막골〉의 매력은 '옥수수가 팝콘이 되는 상상력'에 있다. 바로 현실과 전혀 다른 세상을 꿈꾸는 상상력의 힘 말이다.

1차 세계대전이 한창이던 1914년 12월 24일 벨기에 이프르 지역. 독일군과 영국군이 대치한 병영은 한마디로 참혹했다. 매서운 추위와 쥐떼가 득실대고 오물로 범벅이 된 참호에서 썩어 가는 시체와 함께 선채로 잠든 병사들. 이 극한의 상황 속에서 땅거미가 질 무렵 놀라운 일이 벌어졌다.

공감의 시대

독일군 병사들은 크리스마스트리에 불을 밝히며 캐럴을 부르기 시작했다. 바로 건너편의 영국군은 넋을 잃고 이를 바라보다 박수를 치며 캐럴로 화답했다. 마음이 통한 이들 병사들은 참호에서 나와 서로를 향해 걷기 시작했다. 얼굴을 맞댄 이들은 악수를 나누고 담배와 과자를 건넸으며 고향과 가족을 이야기하며 평화로웠던 크리스마스의 추억을 떠올렸다. 그리고 정치인들이 벌여 놓은 황당한 전쟁에 대한 씁쓸함을 잠시나마 웃음으로 넘겨 버렸다. 제레미 리프킨은 저서 〈공감의 시대〉 첫머리에서 이 꿈같은 '크리스마스의 휴전'을 언급하며 인간 본성에 내재한 공감의 질서를 찾는다.

> 그들은 서로의 고통에 손을 뻗어 위안을 찾았다. 상대에게서 자신의 모습을 발견한 것이다. 개인적인 나약함에 대한 말로 표현할 수 없는 깊은 공감과 아무런 보상도 바라지 않고 오로지 동료 인간과의 유대감에 대한 갈망에서 서로를 위로할 수 있는 힘이 흘러나왔다.

공감의 힘은 내가 죽이지 아니하면 내가 죽을 수밖에 없는 치열한 전쟁터에서도 어김없이 위력을 발휘했다. 실제 전장에서 공감의 힘을 통해 총성을 멈춘 것처럼 상상의 세계인 영화에서도 전쟁을 멈추는 공감의 힘은 얼마든지 나올 수 있다.

동막골에서 만난 사람들

CF제작자 출신인 박광현 감독의 영화 〈웰컴 투 동막골〉은 외부와 거의 단절된 강원도 오지마을을 배경으로 한다. 영화는 주민 수십 명이 한 식구처럼 오손도손 자연과 함께 살아가는 동막골에 머물게 된 국군, 인민군, 미군 일행의 갈등과 화해를 그린다.

1950년 겨울 태백산맥 줄기에 자리 잡은 함백산 속 동막골에 미국 전투기 한 대가 추락한다. 전투기 안에 있던 미군 대위 스미스는 동막골의 순수한 사람들의 보호 아래 치료를 받는다. 한편 동막골에 사는 여일강혜정은 우연히 동막골 깊은 숲에서 길을 잃은 인민군 리수화정재영 일행과 대면한다. 그리고 그들을 자신의 마을 촌장 집에 데려온다. 그러나 그때 병력에서 이탈해 길을 잃은 국군 표현철신하균과 그의 일행이 촌장의 집에 머물고 있었다. 결국 인민군 리수화 일행과 국군 표현철 일행이 동막골 촌장 집에서 서로에게 총을 겨누는 대치 상황이 벌어진다.

동막골 사람들은 국군과 인민군, 연합군의 대치를 이상하게 여기며 그들이 서로 화해할 수 있도록 돕는다. 국군과 인민군은 총과 철모를 신기하게만 여기는 순진무구한 주민들과 어우러져 생활하면서 서로에

© 〈웰컴 투 동막골〉, 2005

대한 적개심을 푼다. 하는 일마다 티격태격하는 국군과 인민군은 어느
새 정이 들어 버리고 어느 날 나타난 멧돼지의 습격을 함께 해결한다.
리수화는 마을이 이처럼 평화를 유지할 수 있는 방법이 무엇일까 궁금
해한다.

동막골에 추락한 미군기가 적군에게 폭격됐다고 오인한 국군과 미
군은 동막골을 공격하기로 한다. 동막골을 향한 폭격을 준비하는 미군
으로부터 동막골과 마을 사람들을 지키기 위해 스미스와 리수화 일행,
그리고 표현철 일행은 서로 합심하여 공동 작전을 펼치며 최후를 맞이
한다.

옥수수가 팝콘이 되는 상상력

영화 〈웰컴 투 동막골〉은 개봉 당시 분단 현실을 웃음거리로 만들었다

ⓒ〈웰컴 투 동막골〉, 2005

거나 반미 색채가 짙다는 딱지를 붙이는 이들이 많았다. 전반부의 즐거운 유머와 평화를 향해 가는 분위기가 후반에 이르러 갑자기 경직되기 시작하는 무리한 구성이 반미로 해석될 여지도 있다. 추락한 조종사 스미스를 찾아온 미군들의 모습이 부정적으로 그려졌을 뿐 아니라 남북한 병사들이 미군에 대항하는 설정이 기존의 분단 소재 영화에서 볼 수 없는 낯선 모습이기도 하다. 하지만 미군 조종사 스미스 대위의 선량함이나 고위 인민군의 '6.25 전쟁은 남침'이라는 단언 등은 반미영화라고 단정한 이념적 해석을 부질없게 만들기도 한다.

영화에 등장하는 국군과 인민군은 이념 대립을 상징한다. 이는 좌익과 우익의 구분이 전혀 필요 없는 동막골과 대비된다. 여기에 영화를 관통하는 메시지가 있다. 사람을 위해 이념이 있는 것이지, 이념을 위해 사람이 있는 건 아니라는 것이다. 사실 동막골과 같은 마을은 상상 속의 마을이다. 이는 영화 속 명장면인 옥수수가 팝콘이 되는 장면에서 잘 나타난다. 인민군과 국군, 연합군이 흘러들고 서로 다른 군복을 입었다는 이유만으로 팽팽한 긴장감 속에 대치되어 총부리를 겨누어야 했다. 동막골 사람들은 그런 그들을 의아하게 바라볼 뿐이다.

수류탄 꼭지가 가락지인 줄 알고 뽑아 든 여일 때문에 얼결에 날아간 수류탄은 옥수수 창고로 떨어진다. 그 순간 "팡" 하고 팝콘들이 날아온다. 이러지도 저러지도 못하던 그간의 긴장과 불안이 일순간 해소되며 팝콘은 눈처럼 내린다. 과학적으로 그리고 현실적으로 불가능한 수류탄 팝콘은 상상의 샘을 자극하며 관객들의 마음을 사로잡았다. 영화 〈웰 컴투 동막골〉이 가진 힘과 매력은 바로 여기에 있다. 바로 현실과 전혀 다른 세상을 꿈꾸는 상상력의 힘 말이다.

남북한 군대의 이순신 장군 만들기 프로젝트 〈천군〉

Soldiers of Heaven
2005년 | 한국 | 감독 민준기 | 각본 민준기 | 각색 박주복, 박철우, 변무림,
박계옥, 전철홍 | 프로듀서 변무림 | 출연 박중훈, 김승우, 황정민, 공효진
제작 ㈜싸이더스FNH | 배급 쇼박스㈜미디어플렉스

433년 만에 지구를 지나는 혜성의 이상 작용으로 남북 군인들은 순식간에 강력한 빛에 흡수돼 사라진다. 정신을 차려 보니 이들이 떨어진 곳은 시간이 거슬러 올라간 1572년 조선의 압록강 근처다. 민초들은 남북의 군인들이 최신 무기로 오랑캐를 무찌르는 것을 지켜보곤 이들이 하늘이 내려 준 '천군'이라고 생각한다. 그리고 그들은 무과에서 떨어진 28살의 청년 이순신과 마주한다. 역사에 대한 남북의 시각 차를 엿볼 수 있는 영화 〈천군〉은 역사의 거대한 수레바퀴를 돌리지는 못하지만, 바퀴에 뭉개진 희망의 싹을 조금이나마 복원하려 애쓴다.

〈조선왕조실록 선조실록〉스물여섯 번째 권에 기록되어 있는 부분이다.

> 왜적 대장 평수가平秀家는 무리를 이끌고 종묘로 들어갔는데, 밤
> 마다 신병神兵이 나타나 공격하는 바람에 적들은 놀라서 서로
> 칼로 치다가 시력을 잃은 자가 많았고, 죽은 자도 많았다….

이 책이 기록된 임진왜란1592~1598 당시 하늘이 내린 병사라면, 분명
천자天子 즉 명나라의 황제가 보낸 명군이라는 것이 설득력 있는 해석
이지만 민준기 감독은 여기서 상상력을 발휘했다. 민 감독은 이 구절
에서 "남북한 군인들이 과거로 거슬러 올라가 젊은 시절의 이순신 장
군을 만난다"라는 상상을 했다. 추측만 있고 그 정체에 대한 설명이 일
절 없는 '신병'이라는 단어에 집중했다. 미래에서 과거로 간 주인공들
이 이순신 장군이 살았던 시대 사람들에게는 하늘에서 내려온 군대인
'천군天軍'일 수도 있다는 발칙한 생각을 한 것이다.

임진왜란의 영웅 이순신 장군의 일대기는 각종 기록에서 비교적 자
세하게 나타나 있다. 그런데 장군이 28살 무과 시험에 낙방한 1572년
부터 무과에 급제하고 함경도에 군관으로 부임한 1576년까지 4년간
의 행적은 알려져 있지 않다. 민 감독은 이 4년을 상상 속의 시간과 공
간으로 설정했다. 그리고 우리가 알고 있는 이순신과 전혀 다른 새로
운 이순신을 창조했다. 영화 〈천군〉에는 과거에 낙방하고 방황하는 이
순신과 그 시대로 날아간 남북한 군인들이 나온다.

〈천군〉은 한반도 모처 남북한 합작 핵무기 개발연구소의 모습에서 시작한다. 남북한 군인 및 과학자들은 이곳에서 핵무기 '비격진천뢰'를 개발하고 있다. 하지만 주변 국가와의 이해관계 속에 남북 당국은 핵무기 양도를 결정하고 연구소의 과학자와 군인들은 이를 아쉬워한다.

"힘이 모자라 헤어집니다. 다시 모입시다."

한국군 박정우황정민 소령은 아쉬움을 달래며 건배 제의를 한다. 하지만 북한군 소좌 강만길김승우은 상부의 명령을 무시하고 핵무기 비격진천뢰를 빼돌려 압록강으로 도망친다. 박정우가 중심이 된 한국군은 이들을 추격한다. 이때 433년 만에 지구를 지나는 혜성의 이상 작용으로 남북 군인들은 순식간에 강력한 빛에 흡수돼 사라진다. 정신을 차려 보니 이들이 떨어진 곳은 시간이 거슬러 올라간 1572년 조선의 압록강 근처다. 이들 앞에는 무고한 조선의 백성들이 오랑캐 여진족의 습격으로 희생당하고 있었다.

민초들은 남북의 군인들이 최신식 무기로 오랑캐를 무찌르는 것을 지켜보곤 이들이 하늘이 내려 준 '천군'이라고 생각한다. 그리고 그 주변에서 남북한 군인들은 28살의 청년 이순신박중훈과 마주한다. 하지만 이순신은 위엄 있는 모습 대신 무과에 떨어지고 국경 지대로 숨어 들어와 제멋대로 사는 모습을 보인다. 어릴 적부터 이순신을 존경해 해군이 된 한국군 박정우는 그가 이순신이라는 사실에 경악한다.

ⓒ 〈천군〉, 2005

영화 초반부의 이순신은 한마디로 허랑방탕한 한량이다. 민족의 영웅을 지나치게 희화화했다는 비판이 나올 만하다. 사실 영화의 이순신 캐릭터 자체에는 정치성이 없다. 그저 그 시대에 부합해 살아가는 힘없는 청년일 뿐이다. 하지만 이순신에게 미래에서 온 군인들은 끊임없이 그가 짊어져야 할 운명에 대해 역설하고, 그의 삶에 끊임없이 관여한다. 무과 시험에 떨어져 인생을 포기한 이순신에게 새로운 용기를 심어 준다.

이분법 그리고 민족주의

이순신을 바라보는 남북한 군인들에게는 나름의 시각 차이가 존재했다. 북한에서 이순신은 남한에서만큼 그리 위대한 위인은 아니다. 남한의 박정우 일행이 이순신의 '회복'에 매진하는 동안 북한의 강만길 일행은 어딘가에 떨어진 핵무기 비격진천뢰를 찾는 데 집중하며 은근히 이순신을 외면한다. 하지만 시간이 흐르자 북한 군인들도 이순신에게 지극 정성을 다한다.

결국 이들의 정성에 힘입어 이순신은 침체된 마음을 추스르고 '애국 애족'으로 충만한 마음을 가진다. 이순신이 영웅으로 변모해 가는 과정 은 관객의 가슴을 뭉클하게 만들 정도로 힘이 넘친다. 이순신과 남북 한 군인들은 조선의 백성들과 함께 오랑캐와 맞서 싸운다. 미래로 귀 환할 수 있는 기회가 있었지만 남북의 군인들은 그 기회도 마다하고 여진족과 처절하게 맞선다.

허구의 영화 속이지만 어떻게 그리 될 수 있었을까? 바로 이순신과 남북한의 군인이 '우리'이기에 가능했다. 영화 〈천군〉은 '우리'와 '그들' 을 철저히 이분하는 방식으로 메시지를 표출한다. 천군의 메시지는 우 리만의 민족성이다. 민족성은 한민족의 역사와 운명을 지금의 시각으

ⓒ 〈천군〉, 2005

로 되새기게 한다. 천군은 이런 민족성에 대해 상당히 직설적이다. 카타르시스를 주기도 하지만 어떤 면에서는 다소 부담감도 준다.

영화 초반부에는 한반도와 강대국 간의 핵무기 보유를 둘러싼 미묘한 긴장관계가 나온다. 그리고 나온 "힘이 모자라 헤어집니다. 다시 만납시다"라는 말은 16세기 오랑캐의 침략에 바람 잘 날 없는 조선 시대 역시 다를 바 없었다는 것을 암시한다. 그리고 "이순신 장군이 존재하지 않았다면 우리는 조선 시대부터 일본의 식민지가 됐을 것"이라는 영화 속 대사처럼, 남북한 군인은 '청년 이순신'을 향해 나라를 구하는 '충무공 이순신'이 될 것을 주문하는 '대의'를 부여한다. 영화 〈천군〉은 한국 내에서만 소통과 공유가 가능할 뿐, 한국의 울타리를 넘기 힘든 구조적인 어려움을 갖고 있다. 이순신에게 '영웅'의 운명을 강요하는 남북한 군인들처럼 말이다.

역사를 바라보는 남북의 눈

'임진왜란의 이순신', '임진조국전쟁의 리순신'. 남북은 같은 시대, 같은 인물을 이렇게 달리 부른다. 한국 사람 중에 이순신 장군을 모르는 사람은 없다. 존경하는 사람을 뽑으라면 늘 다섯 손가락 안에 들 정도로 한국인에게 위인 중의 위인이다. 어떤 이들은 이순신을 가리켜 '거룩한 영웅'이란 의미의 '성웅'으로 표현한다. 이러한 이순신 띄우기 작업은 과거 군사정권의 정치적 메커니즘과도 무관하지 않다. 군 출신이 정권을 잡고 있던 권위주의 정부 시절. 위기에 처한 나라를 구한 무신武臣의 이야기는 문신文臣의 그것에 비해 상대적으로 많이 강조됐고 비중 있

ⓒ 〈천군〉, 2005

게 다뤄진 것이다. 이순신 장군의 업적 그 자체만을 보고 기념하는 것을 뛰어넘어 이를 교묘히 활용해 정치적 입지를 강화하려는 움직임도 있었다.

북한에서는 이순신을 성웅으로 활용하거나 미화하지는 않았다. 그이유는 '그들의 성웅' 김일성 일가 때문이었다. 그렇다고 해서 북한에서 이순신을 외면하는 것은 아니다. 남한만큼은 아니지만 언론을 통해 "임진조국전쟁임진왜란 시기 간악무도한 왜적을 물리치고 나라와 겨레의 운명을 수호한 수많은 애국 명장 중에는 무적의 해전 명장 리순신 장군이 있다" 식의 긍정적인 보도를 가끔씩 내보내기도 한다.

또한 북한과 남한은 보는 관점에 따라 위인에 대한 인식이 다르다. 북한은 고구려의 막리지 연개소문과 같은 인물을 외세에 굴하지 않고 나라의 자존심을 지킨 위대한 영웅으로 받들고 있지만, 신라의 김춘추는 외세에 의존해 나라를 판 비열한 인물로 평가하고 있다. 반면 남한은 김

춘추를 외교력으로 나라를 살리고 삼국통일에 기여한 인물로 보고 있고, 연개소문은 임금을 죽이고 권력을 장악한 부분을 많이 묘사한다.

동일한 사건, 동일한 인물이지만 보는 시각에 따라 그 해석은 확연히 다르다. 전략적인 접근을 통해 문제를 바라보는 것과 자신의 관점을 기준으로 상황을 파악해 접근하는 것은 다른 해석을 나오게 한다. 사실 남한에 온 탈북자들의 경우 그들이 기존에 배우지 않은 역사에 대해 신기해할 때도 있지만, 다른 시각으로 배운 역사에 혼란을 겪는 경우가 종종 있다.

바퀴에 뭉개진 희망의 싹

흘러간 옛일은 임의로 만들거나 지울 수 없다. 그것이 좋은 기억이든 슬픈 기억이든 평생 우리를 따라다니며 현재를 있게 하고 미래를 만들어 나간다. 영화 〈천군〉은 역사적 사실을 배경으로 한 '시간 여행'을 소재로 하고 있지만 역사적 인물을 재연해 내는 데 급급하지 않고 나름의 해석을 시도했다. 무엇보다 '인간' 이순신을 발견해 낸 점이 인상적이며 남북한 군인들이 함께한다는 설정이 상상력의 샘을 자극한다.

영화 〈천군〉은 역사의 거대한 수레바퀴를 돌리지는 못하지만, 바퀴에 뭉개진 희망의 싹을 조금이나마 복원하려 애쓴다. 오늘날의 상황과 대비시키며 말이다. 영화는 미래에 대한 답을 주지 않는다. 다만 역사의 현장에 뛰어들어 감정을 이입해 보고 다른 방법을 찾도록 실마리를 제공해 줄 뿐이다.

전쟁을 겪은 소년은 더 이상 소년이 아니다
〈소년은 울지 않는다〉

Once Upon a Time in Seoul
2007년 | 한국 | 감독 배형준 | 각본 한지훈, 김상돈 | 원작 기타가타
겐조 | 프로듀서 손성문, 이승연 | 출연 송창의, 이완, 이기영 | 제작
㈜엠케이픽처스, 라스칼엔터테인먼트㈜ | 배급 롯데쇼핑㈜롯데엔터테인먼트

1953년 서울. 도시는 폐허 속에서 절망과 재건의 희망이 공존했다. 전쟁고아인, 싸움을 잘하고 의리 있는 종두와 또래에 비해 셈이 빠르고 명석한 태호는 친구가 되고, 힘을 합쳐 지옥 같은 수용소를 탈출한다. 하지만 소년들을 지켜 줄 수 있는 것은 오직 자신들만의 생존 의지였다. 부모의 보호도, 법도, 도덕도 어지럽고 혼란한 세상에서 이들에게 그것은 사치에 불과했다. 영화 〈소년은 울지 않는다〉는 6.25 한국전쟁이 낳은 전쟁고아 이야기를 담고 있다. 한국전쟁은 10만 명 이상의 전쟁고아를 낳았다. 이들 전쟁고아 대부분은 든든한 버팀목 없이 힘겨운 삶을 살아가야 했다.

노르웨이 사람들은 "노르웨이에는 두 명의 왕이 있다"는 농담을 던지곤 한다. 한 명은 노르웨이 국왕이고 또 한 명은 '라면 왕'이라 불리는 이철호 씨다. 미스터 리라는 애칭으로 유명한 이철호의 이름은 노르웨이 사람들에게 인간 승리와 성공의 상징이기도 하다. 라면왕 이철호는 노르웨이의 요리사, 뷔페 식당 사장, 식품회사 공장장 등 파란만장한 삶을 살아왔다.

전쟁고아에서 노르웨이 '왕'이 된 소년

농부의 아들로 태어난 이철호가 노르웨이에 가게 된 것은 6.25 한국전쟁 때문이다. 이철호는 전쟁 중 우연히 알게 된 미군 병사와의 인연으로 미군 부대에 하우스보이미군들의 잔심부름 하는 일꾼로 들어갔다. 미군들은 성실한 그를 동생처럼 아꼈고 폭격에 부상당한 그의 다리를 치료해 주기 위해 물심양면으로 그를 도왔다. 당시 해병대 사단장인 월터 스나이더 장군은 이 씨의 치료를 위해 미국 군인 신문에 광고를 냈고 노르웨이에서 도움을 주겠다는 뜻을 보내왔다. 결국 이철호는 노르웨이행 비행기에 올랐다.

노르웨이로 간 이철호는 한국인 특유의 성실과 근면함으로 한걸음 성장해 나간다. 언어도 유창하지 못하고 신체적 장애를 가진 이철호는 낯선 이국 땅에서 살아남기 위해 남보다 서너 배 노력했다. 구두닦이로 시작해 호텔 식당을 찾아가 부엌 청소를 했고 요리사가 되기 위해 요리학교에 진학해 일과 학업을 병행하며 학교를 우등으로 졸업했다. 이후 이철호는 최고급 호텔 주방장과 노르웨이의 대형 빵 공장의 총지

배인이 되었다. 그리고 1989년부터 라면 사업을 시작해 라면의 불모지인 북유럽에 '미스터 리 라면' 열풍을 일으켰다. 한국전쟁 고아로 성실하게 살아온 그가 현재 노르웨이에서 중·고등학교의 교과서에 실리는 유명한 인물이 된 것이다.

소년은 울지 않는다

6.25 한국전쟁은 이철호와 같은 10만 명 이상의 전쟁고아를 낳았다. 이들 전쟁고아 대부분은 든든한 버팀목 없이 힘겨운 삶을 살아가야 했다. 이철호와 같이 외국으로 간 경우는 아주 극소수에 불과했다. 배형준 감독의 영화 〈소년은 울지 않는다〉는 6.25 한국전쟁이 낳은 전쟁고아 이야기를 담고 있다. 이 영화의 원작은 2차 세계대전에서 패망한 일본의 혼란한 시대를 살아가야 했던 두 소년의 생존기를 극적으로 그린 일본 소설가 기타가타 겐조의 〈상흔〉이다.

1953년 서울. 도시는 폐허 속에서 절망과 재건의 희망이 공존했다. 전쟁고아인, 싸움을 잘하고 의리 있는 종두이완와 또래에 비해 셈이 빠르고 명석한 태호송창의는 수용소에서 만나 친구가 되고, 힘을 합쳐 미군 밀수품을 훔쳐 내 지옥 같은 수용소를 탈출한다. 하지만 소년들을 지켜 줄 수 있는 것은 오직 자신들만의 생존 의지였다. 부모의 보호도, 법도, 도덕도 어지럽고 혼란한 세상에서 이들에게는 사치에 불과했다.

종두와 태호는 시장의 최대 건달 조직인 만기파를 찾아가 사정 끝에 노점을 얻어내 장사를 시작한다. 노점에서 자신들이 훔친 물건을 끼워 팔아 돈을 모은다. 어린 나이에 이미 조니워커, 허쉬 초콜릿, 아이보리

ⓒ 〈소년은 울지 않는다〉, 2007

비누 등 미군 밀수품을 갖고 흥정을 하며 세상을 배운다. 둘은 무조건
많이 가진 자가 살아남는다는 세상의 이치를 깨닫고 누구보다 강한 자
가 되기로 마음을 먹는다.

　종두와 태호는 시장에서 새로운 기회를 발견한다. 전쟁 직후 당시
극심한 물자 부족과 화폐 발행량 증가는 시중 물가를 가파르게 상승시
켰다. 돈의 가치는 점점 떨어졌고 상품 또한 공급이 일정치 않아 적게
나오면 가격이 오르고 많이 나오면 가격이 떨어지는 것이 반복되었다.
이러한 시장 상황을 간파해 낸 태호는 금보다 비싼 쌀을 모아 가격이
최고로 오를 때까지 기다렸다 되파는 쌀장사를 결심하고, 종두와 함께
만기파 몰래 시장통 고아 소년들을 불러 모은다. 고아 소년들은 흔쾌
히 이들의 계획에 동참하고 그들은 하나의 가족 공동체를 이룬다. 반
면 야비한 만기파의 행동대장 도철이기영은 종두와 태호를 눈엣가시처
럼 거슬려 한다.

이제 쌀도 충분히 모으고 마침내 계획의 성공을 눈앞에 둔 순간, 모든 것을 눈치챈 도철은 그동안 몰래 모은 돈과 쌀을 모두 내놓으라고 위협하며 종두와 태호를 따르는 고아 소년들을 납치해 숨통을 조인다. 결국 종두와 태호는 쌀을 처분하고 고아 소년들을 구하려 하지만 이 과정에서 도철과 태호는 서로의 총에 목숨을 잃는다. 살기 위해 울 수조차 없었던 소년은 그렇게 세상을 떠났다.

한국전쟁 고아들을 위해 만들어진 월드비전과 컴패션

전쟁을 겪은 소년들이 울지 않았던 것은 기댈 곳이 없었기 때문이다. 아니, 소년들뿐 아니라 한반도에 살고 있는 사람들의 삶이 그랬다. 이 와중에 우리는 해외 자선단체들로부터 어느 나라보다 많은 도움의 손길을 받았다. 이들의 도움은 삶을 이어 가고 새롭게 일어서는 기폭제가 되기도 했다. 특히 이때 전쟁이 낳은 불쌍한 고아들을 돕기 위해 새로운 자선단체들이 생겨나기 시작했다. 우리에게 익히 잘 알려진 '월드비전World Vision'과 '컴패션Compassion International'은 바로 한국전쟁을 배경으로 만들어졌다.

1950년 미국인 밥 피어스는 영상물 제작을 위해 한국에 왔다가 종군기자로 활동했다. 그가 만난 전쟁고아와 전사자, 미망인들의 끔찍한 현실은 충격 그 자체였다. "하나님의 마음을 아프게 하는 것들로 인해 나의 마음도 아프게 하소서!" 하고 기도한 후 이들도 돕기로 마음먹은 밥 피어스는 미국 교회를 중심으로 모금 운동을 시작했다. 우리가 아는 '월드비전'은 이렇게 탄생했다. 박애정신을 바탕으로 60년이 넘는

ⓒ 〈소년은 울지 않는다〉, 2007

시간 동안 한국의 전쟁고아뿐 아니라 전 세계 어린이들을 도왔고, 현재 전 세계에서 가장 책임감 있게 개발 구호 활동을 펼치는 국제구호개발NGO로 성장했다.

1952년 겨울. 미군 병사들을 위로하기 위해 내한한 에베렛 스완슨 목사는 이른 새벽 거리에서 인부들이 추위와 배고픔을 이기지 못하고 죽은 어린아이들의 시체를 트럭에 싣고 있는 모습을 봤다. 이 모습에 충격을 받은 스완슨 목사는 미국으로 돌아가는 비행기 안에서 "이 죽어 가는 아이들을 위해 무엇을 할 것인가?" 깊은 고민을 했다. 이후 스완슨 목사는 미국 전역을 돌아다니며 굶주림과 질병으로 죽어 가는 한국 어린이들의 비참한 실상을 알리며 그들의 후원자가 될 것을 호소했다. 그 뒤 이름 없는 수많은 사람들의 후원으로 한국에 고아원이 세워지고 구호품이 전달됐다. 이렇게 시작된 컴패션은 전 세계 24개국 어린이 약 80만 명을 후원하는 국제적 어린이 양육기관으로 발전했다.

이들을 위해 무엇을 할 수 있을까

이렇듯 월드비전과 컴패션은 한국전쟁 고아를 돕기 위해 1950년대 초 미국인 목사에 의해 각각 설립됐다. 40여 년간 받기만 하던 한국은 1991년 한국 월드비전 수혜국에서 후원국으로 전환하면서 전기를 맞는다. 어린이 양육 사업에 전념하고 있는 컴패션은 1993년까지 한국에 있던 본부가 미국으로 철수했지만 한국 수혜자들의 청원으로 2003년 한국에 지부를 내었다. 한국은 컴패션의 열 번째 후원국으로 다시 태어나 해외 아동들을 지원하고 있고, 수혜국이 후원국으로 변모한 첫

케이스가 되었다.

전쟁 직후 피폐하고 가난한, 그리고 미래를 장담할 수 없을 정도로 절망적이었던 상황을 극복하고 성장한 한국의 이면에는 이름 없이 묵묵히 지원해 준 후원자, 봉사자, 자선단체가 있었다. 지금 이 시간에도 세계 곳곳은 전쟁, 가난, 질병, 기근에 시달리고 있다. 그리고 그곳에는 기댈 곳이 없는 고아들이 있다. 좌절을 딛고 기적을 만든 우리가 해야 할 일이 바로 이들을 보듬는 것이다. 기댈 곳이 없어 울 수 없는 소년들을 안고 함께 울어야 한다. 60여 년 전 보잘것없었던 한반도에 와서 눈물을 흘리며 "내가 이들을 위해 무엇을 할 수 있을까?" 고민하며 자기의 것을 내놓으며 과감한 실천을 했던 이들처럼 말이다.

지상 최대의 통일 자작극
〈간 큰 가족〉

A Bold Family (Gan Keun Gajok)
2005년 | 한국 | 감독 조명남 | 각본 조명남 | 각색 유성협, 김영탁
프로듀서 나용국 | 출연 강우성, 김수로, 김수미 | 제작 (주)두사부필름
배급 쇼박스(주)미디어플렉스

수십 년을 함께 살아온 남한의 부인 앞에서 북에 두고 온 마누라 타령만 해대는 간 큰 남편 김 노인은 북에 두고 온 아내와 딸을 만나는 것이 마지막 소원이다. 여느 때처럼 통일부에 북한주민접촉 신청서를 내고 돌아오던 김 노인은 그만 발을 헛딛고 계단에서 굴러 병원에 입원한다. 병원에서 건강검진을 받던 중 김 노인은 간암 말기라는 시한부 판정을 받는다. 그리고 김 노인의 가족들은 김 노인의 숨겨진 재산에 대해 알게 된다. 영화 〈간 큰 가족〉은 통일에 대한 희극적인 요소와 함께 실향민의 비애를 통해 민족주의 정서를 자극하는 감동의 선율을 담고 있다. 이산가족, 유산 기부 및 상속, 남북 교류 등의 소재가 적절히 배합되면서 말이다.

김 노인의 가족이 일명 '간 큰 가족'이 된 사정은 이렇다. 김 노인_{신구}이 쓰러지자 가족들은 변호사를 만나고 변호사를 통해 김 노인이 시가 50억 원의 땅을 갖고 있음을 알게 된다. 그리고 김 노인의 유언장에 '통일이 될 경우에만 땅을 상속받을 수 있다'는 아주 기이한 조항이 달려 있음도 알게 된다. 아버지의 50억 유산을 사수하기 위해 가족들은 '통일이 되었다'는 담화문을 담은 가짜 뉴스 프로그램을 제작해 임종 전 아버지께 보여 드리고 감쪽같이 가짜 통일 상황을 믿게 만드는 데 성공한다.

김 노인이 기뻐하는 모습을 보며 가족들이 다 같이 행복해질 찰나 곧 세상을 떠날 것처럼 보였던 김 노인의 병세가 '통일이 되었다'는 한마디에 기적처럼 호전된다. 게다가 가짜로 만들어 낸 통일신문을 본 김 노인이 '남북 단일 팀 탁구 대회'를 봐야겠다는 통에 가족들은 졸지에 탁구 선수가 돼 경기 장면까지 카메라에 담는다.

설상가상으로 '평양 교예단이 서울에서 공연을 한다'는 가짜 기사를 본 김 노인은 다짜고짜 '서커스를 보겠다'고 우기기 시작한다. 가족들은 이제 와서 '모든 게 거짓이었다'고 말하기에는 일이 너무 커져 버렸다고 생각한다. 게다가 큰아들 명석_{감우성}이 진 빚을 받기 위해 찾아온 악덕 사채업자 박 상무_{성지루}가 집에 눌러앉으면서 상황은 더욱 꼬여간다. 결국 명석은 박 상무를 포섭한 데 이어 동생 명규_{김수로}를 짝사랑하는 춘자_{신이}까지 통일연극에 참여시키며 직접 평양교예단의 서커스 공연을 실연해 낸다. 그러나 김 노인 가족의 '통일자작극'은 이웃주민이 경찰에 신고하면서 막을 내린다.

'통일자작극'은 막을 내렸지만 때마침 김 노인은 남북 이산가족 상봉에 뽑혀서 가족들과 함께 북한 금강산에 간다. 그러나 상봉을 눈앞

ⓒ 〈간 큰 가족〉, 2005

에 두고 건강이 악화돼 꿈에 그리던 가족을 보지 못하고 양호실에 드
러눕는다. 김 노인 대신 상봉장에 나간 두 아들 명석과 명규는 아버지
의 북한 아내와 딸이 이미 사망했다는 소식을 아버지의 북한 처가 식
구들로부터 듣는다. 명석은 김 노인에게 처가 식구 가운데 한 명을 아
버지의 딸로 위장해 아버지 앞에 데려간다. 김 노인은 눈물을 흘리며
딸에게 '미안하다', '미안하다'는 말을 계속한다. 명석의 두 번째 거짓말
은 유산 50억 원이 아닌 아버지를 위한 거짓말이었다.

한 가족 두 지붕 그리고 '돈'

영화 〈간 큰 가족〉의 이야기 발단은 아버지의 유산 50억 원이다. 통일
이 되면 유산은 가족에게 분배될 것이고, 통일이 되지 않으면 유산은
통일부로 넘어간다. 통일은 김 노인 가족들에게 일확천금의 기회다. 어

쩌면 우리 현실에서 돈은 통일을 이루어 가는 데 있어 가장 현실적인 문제이며 가장 강력한 동기가 돼 버렸는지도 모른다. 극 중 사채업자 박 상무의 말처럼 "돈이 안 되면 통일이고 나발이고 못 해!"가 우리의 현실일지도 모른다. 그만큼 통일과 돈은 이제 떼려야 뗄 수 없는 관계가 돼 버린 듯하다.

　여기서 한 가지 생각을 해 보자. 김 노인이 북한에 두고 온 북한 아내와 딸이 사망하지 않았고 그들이 유산 50억 원의 존재를 알았다면 어떻게 되었을까? 아마도 남한 법원에 유산의 일부를 달라고 하는 소송을 벌였을지도 모른다. 실제 현실에서는 이미 북한에 두고 온 직계가족들이 남한의 가족을 대상으로 유산 상속 소송을 하고 있다.

남북한 자녀들의 재산분할 소송

2011년 서울 중앙지방법원은 남북 분단으로 재산분할 과정에 참가하지 못한 북한 주민의 상속권을 처음으로 인정했다. 이 상속권의 이해관계자들은 평안남도 출생인 윤 모 씨1987년 사망의 북한 자녀들과 남한 자녀들이다. 윤 모 씨는 1933년 북에서 결혼해 2남 4녀를 낳았다. 한국전쟁이 터지자 윤 씨는 큰딸만 데리고 남한으로 내려왔다. 윤 씨는 전쟁이 끝나고 본적을 서울로 고치면서 북한에 있는 부인과 큰딸만 호적에 올렸다. 다른 자녀들은 따로 등재하지 않았다. 윤 씨는 남한에서 재혼한 뒤 2남 2녀를 더 낳았고 1987년 세상을 떠났다. 윤 씨가 남긴 100억 원대 재산은 모두 남한의 자녀들에게 돌아갔다. 윤 씨와 함께 피난 온 큰딸은 2008년 미국 선교사를 통해 북에 남은 형제들 소식을 들었다. 큰딸은 선교사의 도움으로 형제들의 자필 진술서와 위임장을 건네받아 '재산 되찾기'에 나섰다. 친생자 관계를 확인하기 위해 모발과 손톱 샘플도 건네받았다. 큰딸은 북한 당국이 보관하고 있는 주민대장을 촬영한 영상까지 받았고 2009년 2월 서울가정법원에 친생자 관계 확인 소송을, 서울중앙지방법원에 부동산 소유권 이전등기 소송을 냈다. 법원은 유전자 감식을 통해 북한에 있는 자녀들을 윤 씨의 친자로 인정하고 조정을 시도했지만 양측 모두 재산을 양보할 생각이 없다고 버텨 공방이 계속됐다. 결국 법원은 판결을 통해 북한 주민의 상속권과 부동산 소유권을 공식 인정했다.

이처럼 북한 자녀들에 대한 상속권이 인정되면서 비공식적인 경로를 통한 상속 및 재산분할 소송은 앞으로 더 늘어날 것으로 보인다. 이산가족 상봉, 국군 포로, 납북자 문제의 인도적인 해결에 대해 불편한 속내를 보이던 북한도 유독 이 문제에서만큼은 침묵을 지키고 있다. 아마도 돈이 걸려 있기 때문일 것이다. 남북 가족 사이의 분쟁에 대비해 정부에서는 '남북 주민 사이의 가족관계와 상속 등에 관한 특례법'을 제정했으며 2012년부터 시행에 들어갔다. 모든 것이 다 그렇지는 않겠지만 가족끼리 사랑을 주고받고 행복을 누리기에도 시간이 부족한데, 가족이기 때문에 법적인 분쟁이 발생할 수도 있다는 것은 사람의 마음을 참 불편하게 한다. 우리는 하나의 겨레, 핏줄을 이야기하지만 '한 가족 두 지붕'의 현실에서는 풀어야 할 매듭이 너무 많은 듯하다. 그럼에도 끊임없이 그 매듭을 풀고자 노력해야 한다.

ⓒ 〈간 큰 가족〉, 2005

영화 〈간 큰 가족〉은 동독의 열혈 공산당원인 어머니의 건강을 위해 통일 전과 같은 상황을 꾸미는 아들의 이야기를 담은 독일 영화 〈굿바이 레닌〉과 유사하다. 그 때문에 표절 시비가 있었지만 〈간 큰 가족〉은 〈굿바이 레닌〉을 베끼지 않았다. 〈간 큰 가족〉은 1997년 영화진흥공사 시나리오 공모전 당선작으로 오히려 〈굿바이 레닌〉보다 약 5년 앞서 시나리오가 나왔다. 두 영화는 분단을 체험한 나라만이 상상하고 만들어 낼 수 있는 영화다. 〈간 큰 가족〉과 〈굿바이 레닌〉은 모두 시한부 생을 사는 부모를 위한 거짓말을 다룬다. 영화 속 거짓말의 당사자들이 자꾸만 부풀어 오르는 거짓말을 지켜 나가기 위해 더 큰 거짓말을 만들어 내는 모습이 유쾌하게 그린다. 통일을 두고 벌어지는 소동을 그린 〈간 큰 가족〉은 독일 영화 〈굿바이 레닌〉과 반대의 상황에 있다. 〈굿바이 레닌〉이 통일된 독일을 거짓말로 갈라놨다면, 〈간 큰 가족〉은 분단된 한반도를 거짓으로 통일시킨다.

영화 〈간 큰 가족〉은 희극적인 요소와 함께 실향민의 비애를 통해 민족주의 정서를 자극하는 감동의 선율을 담고 있다. '우리의 소원은 통일'이라는 말이 과거에 비해 진부하지만 '남북 통일에 전격 합의'라는 뉴스에 할 말을 잃은 김 노인의 이슬 맺힌 눈과 금강산 이산가족 상봉 장소에서 흘러내리는 두 아들의 눈물을 그저 가벼운 최루성 신파로 폄하할 수만은 없을 것 같다. 모든 일들이 정리돼 가는 영화의 마지막 부분. 통일을 그토록 염원하던 김 노인은 아들에게 가족에 대한 고마움을 담은 잔잔한 편지 한 통을 남긴다.

명석아! 명규야!

엄 변호사한테 얘기 다 들었다.

처음에는 무척 화가 났었지만 그래도 너희들이 내게 해 준 선물 고맙게 생각한다.

사실 너희들한테 통일이 뭐가 대수겠냐마는 이 애비는 그렇지가 않단다.

살아 있는 부모 형제들을 두고 평생 만나 볼 수 없다고 생각을 해 보거라.

세상에 그처럼 슬픈 일이 어디 있겠니?

그래서 얼마 되지는 않지만 남아 있는 유산은 명석이 네가 결정을 해서 가족끼리 조금씩 나누고 나머지는 이 아버지 뜻에 따라주기 바란다.

이 애비는 평생을 살아오면서 요 며칠 동안이 가장 행복했었다. 너희들의 마지막 선물 정말 고마웠다.

농촌 총각과 탈북 여성의 순정 판타지
〈나의 결혼 원정기〉

My Wedding Campaign (Na-ui Gyeol-hon Won-jeong-gi)
2005년 | 한국 | 감독 황병국 | 각본 윤순용, 최종현, 황병국, 김은채,
이정은 | 각색 김은채, 이정은 | 프로듀서 Choi | 출연 정재영, 수애, 유준상
제작 ㈜튜브픽쳐스, ㈜돈키호테 홀딩스 | 배급 롯데쇼핑㈜롯데엔터테인먼트

경북 예천에 살면서 나이 서른여덟이 되도록 여자 눈도 한 번 제대로 맞추지 못하는 순박한 농촌 총각 만택과 희철은 밤늦게까지 술주정이나 하며 지낸다. 이를 보다 못한 동네 어른들은 만택과 희철에게 우즈베키스탄에 가서 신붓감을 데려오라는 특명을 내린다. 만택은 그곳에서 우즈벡 여성 대신 북한 여성 라라를 만난다. 영화 〈나의 결혼 원정기〉는 '남남북녀'가 서로를 알아 가고 이해하며 사랑과 결혼에 이를 수 있는가를 보여준다. 이 영화는 우즈벡이라는 제3국을 등장시키고 탈북 여성을 주요 캐릭터로 하면서 다문화 시대의 한국과 통일 문제를 자연스럽게 부각시켰다.

여성가족부와 동아일보가 공동으로 진행한 한국인의 '다문화에 대한 국민 인식 조사2010년'에 따르면 한국이 다문화 사회라는 데 응답자 74.7%가 동의했다. 10명 가운데 7명은 한국을 다문화 사회라고 보는 셈이다. 2014년 기준으로 국내 결혼이민자는 23만 명, 이들의 자녀는 20만 명이다. 체류 외국인 역시 150만 명이다. 여기에 단기 연수생이나 비공식적인 불법 체류자까지 합치면 그 수는 더욱 늘어난다.

한국은 다문화 사회

한국이 다문화 사회로 진입하는 속도만큼, 국민의 다문화 가족에 대한 인식도 변하고 있다. 아직 한국 사회는 다문화에 대해 긍정적인 편이다. 응답자의 80%가 다문화 사회에 대해 긍정적으로 보고 있고, 그 이유로는 '우리 사회의 다양성과 개방성이 높아진다'를 가장 많이 뽑았다. 하지만 다문화 가족의 증가가 사회 통합을 저해할 소지가 있다는 우려도 나타났다. 다문화 가족 증가를 부정적으로 평가하는 이유는 '문화적 충돌과 사회적 갈등을 유발한다', '단일민족 국가 전통이 약화되므로', '한국 고유의 문화가 변질되므로' 등 한국의 고유한 정체성이 흔들리는 데 대한 거부감도 있었다.

다문화 현상은 도시보다는 비교적 보수적인 농촌공동체에서 급속하게 이뤄지고 있다. 한국 사회가 급격히 산업화되면서 많은 농촌의 젊은이들이 고향을 떠나 도시로 몰려들었다. 20여 년 전부터 농촌에 거주하거나 거주를 희망하는 결혼적령기의 여성이 부족해졌고 농촌 총각들은 배우자를 찾지 못했다. 결국 대안은 외국에서 신붓감을 데리고 오는 것이었다. 2000년대 들어 '한국 농촌 총각과 외국인 아내'의 혼인 건수가 급격히 늘어나기 시작했고, 지금도 매년 6,000여 명 이상의 외국 여성들이 결혼을 통해 한국 농촌으로 이민을 온다.

나의 결혼 원정기

순박한 시골 노총각들의 결혼 원정을 그린 영화 〈나의 결혼 원정기〉는 KBS 다큐멘터리 '인간극장-노총각 우즈벡 가다'를 모티브로 한 영화다. 이 다큐멘터리를 영화로 만든 황병국 감독은 혼기를 넘기고도 장가를 못 간 시골 노총각들의 결혼 원정을 통해 진정한 사랑과 결혼의 의미를 영화에 담고자 했다.

경북 예천에 살면서 나이 서른여덟이 되도록 연애는 고사하고 여자 눈도 한 번 제대로 맞추지 못하는 순박한 농촌 총각 만택정재영과 같은 노총각 신세인 희철유준상은 밤늦게까지 술주정이나 하는 것으로 독수공방의 외로움을 달랜다. 이를 보다 못한 동네 어른들은 마침내 만택과 희철에게 우즈베키스탄에 가서 신붓감을 데려오라는 특명을 내린다.

두 사람은 두려움과 설렘으로 우즈벡 맞선 여행을 시작한다. 안 되는 영어까지 구사하며 현란한 작업을 펼치는 희철에 반해 답답할 정도로 순진한 만택은 번번이 퇴짜 맞기 일쑤다. 맞선 중개 회사의 현지 커플 매니저인 라라수애 역시 만택을 보며 안타까움을 느낀다. 보다 못한 라라는 우즈벡 인사말부터 맞선 예절까지 만택을 위한 특별 개인 교습에 나선다. 라라의 철두철미한 교습과 희철의 애정 어린 충고 덕에 드디어 만택에게도 기회가 생기지만, 진심 없이 꾸며낸 말로 하게 된 데

ⓒ 〈나의 결혼 원정기〉, 2005

이트는 영 불편하기만 하다. 오히려 만택은 우즈벡 여성이 아닌 고려인이라 소개한 가이드 라라에게 점점 마음이 쏠린다. 라라가 쪽지에 적어 준 우즈벡 인사말 "내일 또 만나요"라는 뜻의 "다 자쁘뜨러"를 되뇌며 말이다. 영화 초중반부에서 만택의 현지 커플매니저인 라라는 만택의 결혼을 성사시키려 노력을 아끼지 않는다. 고려인인 줄 알았던 라라는 사실 탈북자 순이였고, 동생과 함께 북한을 탈출한 이후 러시아를 거쳐 우즈벡에 와서 통역과 커플매니저 일을 하며 한국행을 준비하고 있었다. 이번 만택의 맞선 건만 잘 성사가 되면 라라의 한국행은 꿈이 아닌 현실이 될 가능성이 높은 상황이다.

하지만 만택과 만나면서 계획들이 조금씩 뒤틀리기 시작한다. 만택과 라라는 각기 현지 신붓감을 찾기 위해, 그리고 한국으로 가는 중간 기착기로 우즈벡을 찾았지만 그곳에서 뜻하지 않게 서로를 향한 순정과 진심을 느낀다. 그러나 이들에게 우즈벡은 스쳐 가는 이방의 땅일

뿐 안식처가 아니다. 한 사람은 배필이 될 사람을 찾기 위해 입국했고 다른 한 사람은 불법 체류자일 뿐이다. 서로의 마음을 확인한 우즈벡의 남남북녀는 아쉬움을 남기며 기약 없이 헤어지게 된다. 탈북자라는 신분 때문에 라라는 공항 한편에 숨어 만택을 배웅하고 만택은 라라를 향해 공항 로비에서 큰 소리로 "다 자빠뜨려다 자빠뜨려-내일 또 만나요!"를 외친다. 비록 정확한 발음은 아니었지만 '내일 또 만나요'라고 외치는 만택의 외침은 라라를 향해 '당신을 사랑합니다'라는 고백이었다. 시간이 흐른 뒤 라라가 극적으로 독일 대사관에 들어가 한국 망명을 희망하게 되면서 이들의 사랑은 해피엔딩으로 막을 내린다.

영화 〈나의 결혼 원정기〉가 건드리고자 하는 핵심은 '남남북녀'가 어떻게 서로를 알아보며 이해하고, 심지어 사랑과 결혼에 이를 수 있는가이다. 기존의 분단영화들과 확연히 다른 점은 여간해서는 만나기 힘든 사람들이 만났다는 데 있다. 한국이 우즈벡보다 국가 부의 축적이 많지 않았더라면, 그리고 이러한 원정 맞선 방식의 국제결혼이 없었더라면, 탈북과 농촌 문제가 없었더라면, 두 사람의 만남은 불가능했을지도 모른다. 산업화와 세계화의 산물들이 새로운 '남남북녀'의 양상을 만들어 낸 셈이다. 또한 이 영화는 우즈벡이라는 제3국을 등장시키고 러시아와 우즈벡에서 살아 본 경험이 있는 탈북 여성을 주요 캐릭터로 하면서 다문화 시대의 통일 문제를 자연스럽게 부각시켰다.

남남북녀와 남녀북남, 그들은 행복할까?

만약 농촌 총각 만택과 탈북 여성 라라의 결혼 생활 이야기를 다룬 후

속작으로 '나의 결혼 생활기'를 제작하면 어떻게 될까? 영화가 실제라면 2005년에 결혼을 했으니 만택은 40대 중후반이 됐을 것이고 아이도 2명 정도 있을 것이다. 라라 역시 더 이상 불안정한 북한 출신 불법 체류자의 신분이 아닌 떳떳한 '대한민국 국민'으로서의 삶을 누리고 있을 것이다. 이들 만택과 라라는 계속 시골에 거주할 가능성이 높으며 아이들 교육 문제와 농촌의 불안한 미래에 대해 고민하고 있을지도 모른다. 그리고 결혼 10년차 부부인 이들에게는 무엇보다 문화적인 차이에서 오는 잠재적인 불만이 가장 클지도 모른다. 특히 북한과 러시아, 우즈벡을 거쳐 한국에 온 라라가 겪게 될 문화적인 충격은 40년 이상을 한 마을에서 거주했던 만택의 그것보다 더 클 것이다.

'남남북녀'라는 인식 때문에 많은 남한 사람들이 북한 여성들에 대한 호기심을 갖고 있다. 남한 남자들의 가장 큰 착각 중 하나는 북한여자들이 순종적이어서 남자들을 꼼꼼하게 챙겨 줄 것이란 기대감이다. 남한 남자와 북한 여자가 결혼해서 살다 보면 오히려 남자들이 한국 실정에 어두운 북한 여자들을 세심하게 챙겨 줘야 할 일들이 많이 생긴다. 예를 들어 북한에서는 거주 지역을 벗어나려면 여행증명서가 있어야 하는데 이것이 금방 나오지 않고 받기조차 쉽지 않다. 그래서 집안의 경조사가 있을 때 참가하지 못하는 경우가 빈번해, 집안 모임 때 해야 할 예법을 익히지 못한 여성들이 많다. 남한에서 결혼한 북한 출신 여성 중에는 남편 집안의 경조사를 챙기지 못하거나, 모임 시 해야 할 일에 서툰 사람이 많다. 그런데 남한 사람들은 이런 점을 잘 이해 못할 것이다. 그리고 이러한 불편함이 쌓이다 보면 불만이 커지고 결국에는 서로에게 깊은 감정의 생채기를 내게 된다. 남한 사람들은 북한

ⓒ 〈나의 결혼 원정기〉, 2005

출신이라면 70년대 한국 사람 정도로만 생각하지만 그들은 한국과는 전혀 다른 사회 구조 속에서 태어나고 자란 사람들이다. 대부분 한국 남성이 '같은 민족인데 문제 될 것이 뭐가 있겠나'라고 생각하지만 구체적으로 남북 간의 차이점을 찾아 인정한 후 마음의 준비를 하지 않는다면 그 만남은 힘들어져서 갈등을 불러오고 만다.

우리가 미리 풀어야 할 예습 과제

흔히 연애는 환상이고 결혼은 현실이라 말한다. 연애의 과정에서 성장 배경이 다른 타 문화권의 이성은 많은 매력을 발산한다. 나와 다른 것에 신기해하며 호기심을 갖고 그것을 알아 가고자 하는 마음이 크다. 하지만 결혼은 사랑의 완성이 아닌 또 다른 삶의 시작이다. 어느 정도의 호기심이 충족되면 동질화된 것을 찾는다. 상대방과 같이 호흡하고 대화하며 맞추어 가면 큰 문제가 없으나 그렇지 못할 경우 심각한 갈등을 불러온다.

사실 같은 문화권에서 낳고 자란 사람들도 이 문제는 쉽지 않다. 여러 기사들을 보면 결혼 생활에서 일어나는 온갖 갈등의 유형들을 볼 수 있다. 중요한 것은 서로에 대한 깊은 이해와 포용이다. 특히 한국에 온 탈북자는 통일을 대비하는 우리에게 미리 내려진 예습 과제와 같다. 목숨을 걸고 탈북한 후 남한행을 선택하고 남한에서 인연을 만나 '남남북녀' 혹은 '남녀북남'의 커플이 된 이들을 헤아리지 못한다면 차후 다가올 통일에 풀어야 할 숙제는 더욱더 많아질 것이다.

핏줄에 대한 그리움 그리고 현실
〈길소뜸〉

Kilsodeum(Gilsotteum)
1985년 | 한국 | 감독 임권택 | 각본 송길한 | 프로듀서 조영길
출연 김지미, 신성일, 한지일 | 제작 ㈜화천공사

황해도 길소뜸이 고향인 화영은 어릴 적 마을에 전염병이 돌아 부모와 동생을 모두 잃고, 아버
지의 친구 집에 양녀로 입양된다. 그곳에서 화영은 의붓오빠인 동진과 사랑에 빠지고 아이를
갖는다. 동진의 집안은 발칵 뒤집어져 화영은 강원도 춘천 이모 집에 보내진다. 뜨거운 여름
날 더위를 무릅쓰고 춘천에 도착한 동진은 화영이 아이를 낳으러 길소뜸으로 떠났다는 소식을
듣지만, 운명의 장난이었는지 바로 이날 한국전쟁이 발발한다. 전쟁의 소용돌이 속에서 동진
과 화영은 그렇게 기약 없는 이별을 한다. 영화 〈길소뜸〉은 이산가족이 격동의 시대 속에서 겪
는 이별과 재회, 반복되는 헤어짐을 통해서 분단의 비극은 전쟁이 끝난 현재에도 지속되고 있
음을 차분히 이야기한다.

KBS 한국방송은 1983년 6월 남북 분단과 한국전쟁 중에 흩어진 가족을 찾는 〈생방송 이산가족을 찾습니다. 누가 이 사람을 모르시나요〉 프로그램을 방영했다. 방송이 시작되자마자 이산가족이 몰려들었고 이후 KBS는 모든 정규 방송을 취소한 채, 세계 방송 역사상 유례가 없는 '이산가족 찾기' 릴레이 생방송을 진행했다. 이 방송은 78%라는 경이적인 시청률을 기록했고 138일 동안 총 453시간 45분 방송됨으로써 단일 주제 최장 생방송 기록을 남겼다.

누가 이 사람을 모르시나요

이산가족 찾기는 1970년대 초반부터 신문이나 라디오 등을 통해 간간이 진행되었다. 하지만 1983년처럼 대중적인 폭발력을 가지지는 못했다. 신문은 활자 매체의 한계가 있었고 라디오는 볼 수가 없었다. 무엇보다 실시간으로 정보 제공이 되지 않아 적극적인 관심을 갖지 않는 이상 가족 확인이 어려웠고 어디에선가 정보를 접해도 확인이 되기까지 상당한 시간이 걸렸다. 1983년 이산가족 찾기는 경제 성장으로 살림살이가 나아지고 방송통신 기술이 발전하면서 국민들 가슴속에 맺혀 있던 한을 조금이나마 풀어 주었다. 1983년 우리나라의 1인당 국민소득은 2,000 달러 수준이었다. 넉넉하지는 않았지만 기본적인 의식주 문제가 해결되어 한 세대 전 잃어버린 가족을 찾고자 하는 약간의 여유가 생긴 것이다. 또한 1983년 텔레비전 보급률이 82.5%에 달해 전 국민적인 관심을 가질 수 있는 토대가 마련됐다.

 KBS 이산가족 찾기 생방송을 통해 총 10만 952건의 신청이 접수됐고, 1만 180여 가족이 헤어진 혈육과 상봉했다. 만남을 이룬 모든 가족의 이야기는 눈물 없이 들을 수 없는 감동의 드라마였다. 이산가족들의 사연은 방송을 타고 '그들만의 이야기'가 아닌 '우리들의 이야기'로 사람들의 마음속에 자리 잡았다.

핏줄에 대한 그리움과 현실

이산가족 상봉은 감동의 스토리였지만 그 이면의 곳곳에는 현실의 문제들이 있었다. 전쟁 중 헤어진 부부가 각기 재가를 해 다시 만난 경우도 있었고 30여 년간 헤어진 뒤 다시 만난 형제들이 서로 다른 가치관과 생활 환경에 소원한 관계가 된 경우도 있었고 재산 등의 문제로 갈등하는 일도 발생했다.

임권택 감독은 1985년 이산가족의 상봉 문제가 그리 단순하지 않고 그들의 상봉이 또 다른 혼돈의 시작일 수 있다는 인식을 담은 영화 〈길소뜸〉을 제작했다.

이산가족 찾기 운동이 뜨거웠던 1983년, 황해도가 고향인 화영김지미은 이산가족 상봉의 순간들을 보며 밤늦도록 도무지 잠을 이루지 못한다. 현재 남편과 자녀 셋을 두고, 단란한 가정을 꾸리며 살고 있는 화영에게는 한국전쟁 통에 헤어진 연인 동진신성일과 아들 성운이 있었다. 이 사실을 알고 있는 지금의 남편전무송은 화영에게 헤어진 가족을 찾아볼 것을 권한다.

지난 기억을 되새기며 방송국 주변을 맴돌던 화영은 대형 TV 화면을 통해 얼굴도 모르는 부모를 찾고 있는 춘천의 한 사내 맹석철한지일

ⓒ 〈길소뜸〉, 1985

의 모습을 보고, 아들 성운일지도 모른다는 직감에 사로잡힌다. 춘천의
그 사내를 찾던 중 우연히 옛 연인 동진과 마주친다.

　화영과 동진이 다시 만나 서로를 알아보면서 영화 속 이야기는 30여
년 전으로 되돌아간다. 황해도 길소뜸이 고향인 화영(역 이상아)은 어릴
적 마을에 전염병이 돌아 부모와 동생을 모두 잃고, 아버지의 친구 집
에 양녀로 입양된다. 그곳에서 화영은 의붓오빠인 동진과 사랑에 빠지
고, 아이를 갖는다. 이 사실을 알게 된 동진의 집안은 발칵 뒤집어져 화
영은 강원도 춘천 이모 집에 보내지고, 이후 병환이 심해진 아버지의
청에 따라 동진은 화영을 데리러 간다. 뜨거운 여름날 더위를 무릅쓰고
춘천에 도착한 동진은 화영이 아이를 낳으러 길소뜸으로 떠났다는 소
식을 듣지만, 운명의 장난이었는지 바로 이날 한국전쟁이 발발한다. 전
쟁의 소용돌이 속에서 동진과 화영은 그렇게 기약 없는 이별을 한다.

　전쟁이 끝나고 춘천에서 아들 성운과 함께 살던 화영은 옛날 음악

ⓒ 〈길소뜸〉, 1985

선생의 도움을 받으며 힘겹게 살아간다. 하지만 빨치산 활동을 했다는 누명을 쓰고 뜻하지 않게 10여 년의 옥살이를 하게 되고 아들 성운과도 헤어진다. 화영의 옛 연인 동진 역시 화영을 잊지 못한 채, 화영과 아들을 찾아 헤맸지만 이들의 만남은 이뤄지지 못했다. 화영과 동진이 살아온 지난 세월의 간극은 서로를 기쁘게 하지만은 하지 않았다.

어색한 만남 속에서 살아온 얘기를 하던 이들은 헤어진 아들 성운일 것만 같은 그 사내를 만나기 위해 함께 춘천으로 간다. 석철이란 이름으로 살아가고 있는 사내는 배운 것도 가진 것도 없이 하루하루 막일로 살아가고 있다. 화영은 석철이 아들 성운이라고 본능적으로 느끼지만 생활고에 찌든 그의 모습에서 전해지는 이질감에 당황한다. 또한 물질적인 도움을 노골적으로 표시하는 석철과 그 가족들에게 환멸감마저 느낀다.

친자 확인을 위해 춘천의 대학병원에서 피검사를 마치고 집에 돌아온 동진은 그 사내가 아들인 것이 증명되면, 친자로 호적에 입적하겠다고 말해 평화롭던 집안을 발칵 뒤집어 놓는다. 피검사에서 친자임을 부정할 근거를 찾을 수 없다는 의사의 검사 결과가 나왔지만, 화영은 이를 받아들이지 않는다.

오랜 세월 계속된 삶의 간극은 천륜인 모자관계마저도 부정하게 만들었다. 동진과 화영, 그리고 석철. 전쟁이 아니었으면 부부로, 그리고 부모와 자식으로 살았을 이 세 사람은 서로에게 연락처마저 남기지 않고 각자 발걸음을 돌린다. 냉정하게 친자임을 거부했던 화영은 서울로 돌아가던 도로에서 운전하던 차를 갑자기 멈추고 핏줄에 대한 그리움과 현실 사이에서 갈등하며 괴로워한다.

영화 〈길소뜸〉은 이산가족이 격동의 시대 속에서 겪는 이별과 재회, 반복되는 헤어짐을 통해서 분단의 비극은 전쟁이 끝난 현재에도 지속되고 있음을 차분히 이야기한다. 우리나라의 이산가족 문제는 식민지와 분단, 전쟁이 남긴 가슴 아픈 유산이다. 이는 다른 나라에서는 보기어려운 '한국형 이산가족'이라고 할 수 있다. 이 땅에 대규모 이산가족이 생긴 것은 해방 이후 한국전쟁을 거치면서다. 정부가 규정하고 있는 이산가족은 크게 세 가지로 분류된다. 8.15 이후 38선을 경계로 가족, 친지의 왕래가 단절된 사람, 한국전쟁으로 월남 또는 월북해 가족과 헤어진 사람, 국군 포로·납북자 등이다.

KBS 등 언론기관이 70~80년대에 전개한 이산가족 찾기 운동은 남한 내 이산가족들의 상봉을 1만 건 이상이나 성사시켰다. 그러나 남과북에 흩어져 있는 이산가족 문제는 제대로 풀지 못했다. 1985년 사상첫 남북 이산가족 상봉이 이루어지긴 했지만 이후 정치적 상황에 맞물려 가물에 콩 나듯 아주 간헐적으로 이루어졌고 상봉 가족 수도 전체이산가족 수에 비하면 턱없이 적었다.

지금 고령인 이산가족 1세대들은 갈수록 조바심이 가득하다. 이렇게 시간이 흘러가면 이생에서는 헤어진 가족을 더 이상 만나지 못할 것이라는 우려 때문이다. 이제 남북은 더 늦기 전에 이산가족 문제를 해결하고자 하는 의지를 보여야 한다. 만약 이렇게 시간이 흘러가면 남북은 '형제지간'에서 머지않아 '사촌지간'이 돼 버릴지도 모른다.

과거 독일의 사례를 보면 이산가족 간의 교류가 얼마나 중요한지 알

수 있다. 동서독은 분단으로 인한 이질화 극복 수단으로 개인 간 상호 왕래가 중요하다고 인식했다. 동서독은 1972년 기본조약 체결 이전부터 이산가족의 상봉을 허용했다. 1947년 이후 서독인 8명 중 1명이 정기적으로 동독을 방문했으며 5명 중 1명은 편지, 소포를 교환하는 등 교류가 이어졌다. 지속적인 이산가족 교류가 동서독 간 신뢰 형성에 큰 역할을 한 셈이다. 남북 이산가족 상봉은 남북의 지도자들이 인도적인 입장에서 결단을 하고, 다소 불편하고 답답해도 서로를 받아들이려는 국민정서를 가질 때에만 지속적으로 이뤄질 수 있다. 지금 남북에 필요한 것은 무엇보다 자주 만나 대화하고 공감하는 것이다.

가장 어두운 곳에서 피어난 희망
〈신이 보낸 사람〉

Apostle
2014년 | 한국 | 감독 김진무 | 각본 김진무 | 출연 김인권, 홍경인, 지용석
제작 태풍코리아 | 배급 (주)마운틴픽쳐스, (주)마인스 엔터테인먼트

영화 〈신이 보낸 사람〉은 탈북자들의 증언을 토대로 북한의 참혹한 현실을 고발한 영화다. 연출을 맡은 김진무 감독은 한 기독교 선교 단체를 통해 북한에서 신앙의 자유가 박탈된 가운데 벌어지는 인권 유린의 실상을 접하고, 시나리오 작업을 시작했다고 한다. 북한 인권과 관련된 자료를 직접 수집하는 것은 물론 탈북자들을 찾아다니며 인터뷰를 진행하기도 했다. 3년 동안 작품을 준비해 온 김 감독은 북한과 북한 사람들의 냉혹한 현실을 공감하고 알려야겠다는 생각으로 영화 〈신이 보낸 사람〉을 제작했다.

해방이 되던 1945년. 한반도에는 35만 명의 기독교 신자가 있었다. 그리고 기독교 신자의 60%인 20만 명이 지금의 북한 지역에 거주하고 있었다. 당시에도 남한과 북한의 인구 비례가 2:1 정도였다. 비율상 전체 기독교인의 30%선이어야 할 북한 지역의 신도 수가 전체의 60% 넘었다는 것은 그만큼 기독교가 북한 지역에 깊은 뿌리가 있음을 보여준다.

북한의 기독교

1880년대 우리나라에 기독교 선교사가 공식적으로 들어오기 이전부터 조선 정부의 감시를 피해 평안도와 함경도 국경 부근에는 이미 기독교 신앙을 접하고 신자가 된 이들이 있었고, 1907년에는 한국 기독교 부흥의 기원인 평양대부흥운동이 일어나기도 했다. 그리고 평양 숭실학교, 정주 오산학교, 함흥 영생학교 등 기독교 정신을 바탕으로 한 학교가 많이 세워지며 민족지도자를 양성했다.

해방 이후 북한의 공산주의자들이 가장 경계했던 대상은 바로 기독교인들이었다. 한반도 북부의 중심 도시였던 평양은 일제 시대부터 형성되어 왔던 기독교 민족주의 세력의 본토와도 같았다. 사회지도자들과 지역 엘리트들 중 기독교인의 비율이 높았을 뿐 아니라 교회와 신도들도 지역 단위로 잘 연결되어 있어 외부에서 갑작스럽게 들어온 공산주의자들에게 기독교는 함부로 할 수 없는 눈엣가시 같은 존재였다. 평안도 지역을 기반으로 했던 서북 지역의 기독교 세력은 도산 안창호1878~1938, 남강 이승훈1864~1930, 고당 조만식1883~1950 선생 같은 민족의 지도자들을 배출해 왔다. 특히 고당 조만식 선생은 해방 이후 북한 공산정권이 민족주의 인사들을 배제하고 기독교인을 탄압하는 것에 대해 항거하며 남한으로 가지 않고 평양에 남아 투쟁을 하다 결국 1950년 가을 공산 정권에 의해 죽임을 당했다.

고당 조만식 선생의 가슴 아픈 최후는 북한 당국이 기독교를 얼마만큼 경계하고 탄압했는지를 전적으로 보여주는 사건이다. 북한 당국은 겉으로는 종교의 자유를 인정하는 듯하면서 사유재산 몰수, 종교 활동 감시, 일요일 정치 행사 동원, 목회자 협박 등으로 은밀하게 종교 조직에 손을 대기 시작했다. 신도들은 신앙의 자유를 찾아 월남하기 시작했고 그 숫자는 북한 지역의 20만 성도의 40%가량인 8만 명 정도로 추산되고 있다. 여러 가지 이유로 북한에 남은 신도들은 은밀히 모여 예배를 하며 신앙생활을 지속해 나갔다. 북한 당국은 전쟁 이후 사회 체제 정비를 하면서 기독교에 대한 탄압의 강도를 높였다. 그리고 남은 신도들은 교회에 출석했다는 이유로 북한 체제에 유익하지 않은 반동으로 분류되며 대부분 하층 계급으로 전락했다. 그럼에도 불구하고 적지 않은 신도들이 그들의 신앙을 버리지 않고 지켜 나갔다. 흔히 말하는 북한의 지하교회 역사는 이때부터 시작되었다.

북한의 지하교회는 월남하지 않고 남은 기존 신도들을 중심으로 근근이 명맥을 이어 왔다. 그러다 1990년대 초반 북한의 식량난이 가중되고 중국, 러시아 국경을 넘는 탈북자가 늘어나면서 새로운 국면을 맞았다. 중국 등지에서 한국 선교사들의 도움을 받고 신앙을 갖게 된 이들은 다시 북한에 들어가 기독교를 전하는 일을 하기 시작했다. 공식적인 통계는 없지만 은밀히 신앙생활을 하고 있는 북한 지하교회 신

ⓒ〈신이 보낸 사람〉, 2014

도수는 대략 15~20만 명 정도라고 한다. 북한 당국은 어떻게든 이들을 색출해서 지하교회 공동체를 파괴하고, 신도들이 신앙을 포기하도록 하고 있다. 북한 당국이 내세우는 공식적인 절대자는 오로지 김일성과 그 일가뿐이며 나머지 종교는 그저 사람과 사회를 현혹하는 '아편'과 같은 존재에 지나지 않는다. 하지만 종교와 신앙의 의미를 안 지하교회 성도들은 이를 쉽게 포기하지 않고 있다. 외부의 강한 힘이 작용하면 그들의 내면은 절대자에 대한 강한 의지로 다져지는 것을 이미 체험했기 때문이다.

영화 〈신이 보낸 사람〉

김진무 감독의 영화 〈신이 보낸 사람〉은 이러한 북한 지하교회 성도들의 참혹한 현실을 고발한 영화다. 영화는 음산한 고문의 현장에서 고막이 찢어질 듯한 신음이 울려 퍼지며 시작한다. 북한 함경도의 어느 지하교회에서 몰래 신앙생활을 하고 있던 주철호김인권는 기독교 신자라는 것이 발각돼 아내 영미와 함께 1급 정치범 수용소에 끌려간다. 그곳에서 철호는 두 손이 묶인 채 고문을 받으며 고통스러워하고 있는 아내를 위해 아무것도 할 수 없음에 울부짖는다. 아내 영미는 고통 속에서도 성경 시편을 외워 가며 점차 죽어 간다.

혼자 살아남은 것에 대한 죄의식을 떨치지 못한 철호는 2년 뒤 고향 마을로 향한다. 죽은 아내와의 마지막 약속을 지키기 위해 마을 사람들을 데리고 남한으로 가기 위해서다. 주철호가 돌아오면서 작은 산골 마을에 예기치 않은 소용돌이가 일어난다. 폐탄광에서 비밀리에 예배하며 신앙을 지키고 있는 마을 사람들은 철호의 탈출 계획에 대해 관심을 기울이면서도 그 실현 가능성에 대해서는 의심을 품는다. 철호의 뜻에 따라 탈북을 준비하던 마을 사람들은 국경경비대에 잡히는 두려움에 떨고, 마을 사람들을 도와주던 중국 선교사마저 연락이 두절되면서 탈북 계획은 차질을 빚기 시작한다.

그러던 중 주철호는 자신과 죽은 아내 영미를 당국에 고발한 장본인이 지하교회의 신앙 지도자 박성택안병경이라는 뜻밖의 사실을 알게 되고 그 이중성에 치를 떤다. 철호는 복수를 결심하고 박성택이 거짓 간증을 하고 있는 평양 칠골교회에 잠입해 응징의 칼을 든다. 그러나 고문 때문에 변절할 수밖에 없었다는 성택의 말을 듣곤 다시 함경도 고향 마을로 발길을 되돌린다. 그사이 마을에는 군인들이 들이닥쳐 한차례 피바람이 분 뒤였고 철호 역시 1급 정치범으로 검거령이 내려져 있었다. 마을에서 체포된 철호는 심한 고문을 당한다. 그리고 결국에는 아내가 부르는 찬송가 소리를 환상 속에서 들으며 해맑은 미소로 생을 마감하고 사랑하는 사람들이 먼저 가 있는 하늘나라로 간다.

지상낙원 속 지하교회

북한 당국은 스스로를 가리켜 남부러울 것 없는 '지상낙원地上樂園'이라 말해 왔다. 북한 헌법만 보면 분명 북한은 지상낙원을 지향한다. 북한 헌법 제64조 "국가는 모든 공민에게 참다운 민주주의적 권리와 자유, 행복한 물질문화생활을 실질적으로 보장한다.", 북한 헌법 제67조 "공민은 언론, 출판, 집회, 시위와 결사의 자유를 가진다. 국가는 민주주의적 정당, 사회단체의 자유로운 활동조건을 보장한다." 등 말로만 치자면 국민을 위한다는 북한의 헌법은 분명 달콤하다.

하지만 소수의 특권층만 빼고는 사람으로서의 기본 권리도 보장하지 않는 것이 현실이다. 적지 않은 북한 사람들이 당국의 감시와 통제에도 불구하고 '지상낙원'에서 지하교회로 들어가고 있다. 이는 요란한 구호와 플래카드 속에만 있는 낙원이 아닌 내 삶 속, 내 마음속의 자유와 평안을 얻으려고 하는 사람으로서의 아주 기본적인 욕구의 표현이기도 하다. 물론 북한에도 당국에서 세우고 인정한 교회와 예배 처소가 몇 군데 있긴 하다. 영화 〈신이 보낸 사람〉에 등장하는 평양 칠골교회도 그 교회 중 하나다. 공식적으로 인정된 이들 예배당과 예배 처소에는 우리가 누리는 것만큼의 신앙의 자유는 없다. 기독교의 형식은 있지만 예배와 설교, 목회자 양성, 각종 대내외 활동 등에서 북한 당국

ⓒ 〈신이 보낸 사람〉, 2014

의 간섭 아래 자유롭지 못하다. 이를 두고 한국의 기독교계에서는 북한 당국에서 인정하는 봉수교회, 칠골교회가 진짜냐 가짜냐에 대한 논쟁도 뜨겁다.

　종교의 자유가 보장되는 자유민주주의 사회에서 살고 있는 우리의 눈으로 보면 북한의 공식 교회는 분명 문제투성이고, 북한 당국의 지하교회 핍박은 분노를 자아낸다. 하지만 신의 섭리가 그곳에서 어떻게 이루어질지는 아무도 모른다. 서기 1~3세기 초기의 기독교인들이 당시 세계 최강 제국 로마의 통치 아래 핍박을 당하고 있을 때 어느 누구도 기독교가 이렇게 생명력을 이어 오리라고는 상상하지 못했던 것처럼 말이다. 북한의 기독교 역시 마찬가지다. 한반도에서 한때 기독교가 부흥했던 곳이 지금은 가장 핍박받고 있는 곳이 되었고 또 감시를 피해 지하교회가 부흥하는 곳이 되었다. 이제 목숨 걸고 지하교회에서 예배하고 있는 사람들에게는 예배의 자유가 필요하고 당국의 통제를 받고 있는 봉수교회, 칠골교회 신도들은 모순되고 가공된 신앙이 아닌 기독교 신앙의 본질적인 부분을 접하는 역사가 이루어져야 한다. 그렇게 되기 위해서는 먼저 우리 안에서 이념적인 잣대나 정치적인 논쟁 보다는 북한 주민들의 고통에 귀 기울일 수 있는 민감한 자세가 필요하다.

"남조선은 가나안 땅입니까?". 영화 〈신이 보낸 사람〉은 이렇게 묻는 것으로 막을 내린다. 가나안. 성경 속 이스라엘 사람들이 광야를 헤매면서도 그렇게 가고 싶어 했던 젖과 꿀이 흐르는 땅이다. 고통받고 있는 이들에게 가나안은 곧 편히 지낼 수 있는 이상향이자 낙원이다. 그렇다면 지금 한국은 북한 사람들에게 가나안 땅일까?

사상 최초 남북 단일 팀
〈코리아〉

As One (Ko—ri—a)
2012년 | 한국 | 감독 문현성 | 각본 유영아, 권성휘 | 각색 허준석, 임은정,
문현성, 이은일 | 프로듀서 김지혜 | 출연 하지원, 배두나, 한예리
제작 ㈜더타워픽쳐스 | 배급 CJ 엔터테인먼트

서울올림픽 탁구 복식 우승으로 스타가 된 현정화는 1991년 일본 지바에서 열리는 세계선수
권대회를 앞두고 남북 단일 팀이 결성된다는 소식을 전해 듣는다. 언론은 분단 46년 만에 처
음으로 남북이 단일 팀 구성에 합의했다며 역사적인 의미를 부여하지만, 정작 남쪽 선수와 코
치진은 이 같은 결정에 무덤덤해한다. 게다가 대회까지 남은 시간은 고작 40여 일뿐이다.
1991년 세계탁구선수권대회를 배경으로 하는 영화 〈코리아〉는 탁구로 하나 되었던 남과 북
의 이야기를 담고 있다. 녹색 테이블 위 네트를 사이에 두고 '체제 경쟁'으로 마주했던 남과 북
의 선수들은 이념을 허물고 한 팀이 된다.

국내 일간신문에 1991년 5월초 실린 제41회 세계탁구선수권대회 남북 단일 팀을 소재로 한 스포츠 음료의 광고 카피다.

> 1991년 4월 29일 오후 6시 43분 일본 지바의 닛폰컨벤션센터,
> 손에 땀을 쥐게 하는 4시간여 동안의 경기가 끝나고
> 코리아 단일 팀 우승이 확정된 순간,
> 흰색 바탕에 청색 한반도 지도를 가슴에 품었던
> 리분희 · 현정화 선수의 온몸은,
> 7,000만 겨레의 땀으로 흠뻑 젖어 있었습니다.
> 분단 46년 만에 첫 남북한 단일 탁구 팀
> 그 오랜 숙원만큼이나 풀리지 않았던 겨레의 갈증을
> 이제 우리가 풀기 시작했습니다.
> 스포츠로 시작된 민족 화합이 정치, 경제, 문화 교류로 이어지고
> 통일로 향한 염원이 보람의 땀방울로 맺힐 때
> 게토레이가 다시 한 번 7,000만 겨레의 갈증을 풀고 싶습니다.

이 음료회사는 브랜드가 갖고 있는 '갈증 해소 음료'의 콘셉트에 맞춰 탁구 단일 팀의 선전을 겨레의 갈증이 풀리기 시작했다고 표현했다. 1990년대 초 분단국가인 독일이 통일되고 동구 사회주의가 붕괴된 직후 남북관계에도 새로운 기류가 흐르기 시작했다. 정치적으로 총리급 인사를 대표로 하는 남북고위급회담이 서울과 평양을 오가며 열리기 시작했고 고위급 회담을 통해 남북한 사이의 화해 및 불가침, 교류 협력 등에 관한 '남북기본합의서'도 발표됐다.

남북 당국이 '남북기본합의서'를 만들었던 그해 봄, 남북은 기적과도 같은 한 편의 각본 없는 스포츠 드라마를 만들었다. 그것은 바로 일본 지바에서 열린 제41회 세계탁구선수권대회 남북 단일 팀 출전이다. 사상 최초로 만들어진 남북 탁구 단일 팀은 구성 단계에서부터 국내외적으로 많은 관심을 받았다. 역사적인 남북 단일 팀의 합의서는 다음 3가지 사항으로 구성됐다.

첫째, 선수단의 호칭은 우리말로 코리아로, 영어로는 KOREA로 한다.

둘째, 선수단 기旗는 흰색 바탕에 하늘색 우리나라 지도를 그려 놓고 제주도를 제외한 섬은 생략한다.

셋째, 선수단 가歌는 1920년대에 우리나라에서 부르던 아리랑으로 한다.

지금 남북 화해의 상징으로 사용하는 한반도기와 함께 부르는 아리랑의 전통이 바로 이때부터 시작됐다. 남북 탁구 단일 팀 선수들 중 가장 주목을 받은 선수는 남북한의 여자 에이스인 현정화남한, 리분희북한였다. 이들은 환상적인 호흡으로 만나는 팀들을 모두 격파하고 결승전에서 세계 최강 중국을 물리치며 정상의 자리에 올랐다. 여자 복식 경기에서 남북 단일 '코리아팀'의 우승이 확정되는 순간 300여 명의 응원단이 한꺼번에 관중석 스탠드에서 내려와 선수단과 얼싸안고 눈물을 흘렸다. 시상식에서는 남북이 합의한 대로 한반도기가 올라갔고 남한과 북한의 애국가 대신 아리랑이 울려 퍼졌다. 이 자리에 모인 남북한 해외동포 모두가 아리랑을 따라 불렀다. 이 순간만큼은 남과 북도 그리고 한국과 연계된 재일교포 조직인 민단재일대한민국민단과 친북 재일교포 조직인 조총련재일본조선인총연합회 사이의 구분이 없었다. 단지 코리아만 있을 뿐이었다.

남북이 함께한 46일간의 감동 스토리

1991년 세계탁구선수권대회를 배경으로 하는 영화 〈코리아〉는 탁구 영화다. 탁구공의 빠른 움직임과 소리, 스포츠 경기의 긴박감 영화의 흥미를 돋운다. 영화 〈코리아〉는 또한 탁구로 하나 되었던 남과 북의 이야기를 담고 있다. 녹색 테이블 위 네트를 사이에 두고 라이벌로 마주했던 남과 북의 탁구 선수들이 이념을 허물고 한 팀이 된 46일간의 일을 그린다.

1988년 서울올림픽 탁구 복식 우승으로 스타가 된 현정화하지원는 1991년 일본 지바에서 열리는 세계선수권대회를 앞두고 남북 단일 팀이 결성된다는 소식을 전해 듣는다. 언론은 분단 46년 만에 처음으로 남북이 단일 팀 구성에 합의했다며 역사적인 의미를 부여하지만, 정작 현정화를 비롯한 남쪽 선수와 코치진은 이 같은 결정에 당혹스러워한다. 게다가 대회까지 남은 시간은 고작 40여 일뿐이다. 이념이나 체제 경쟁 같은 것은 차치하더라도 동료로서의 신뢰도, 인간적인 애정도 없는 상태에서 순식간에 코리아라는 이름으로 한 팀이 된 남북 선수들은 사사건건 부딪친다. 그리고 남한의 간판선수인 현정화 역시 라이벌 관계이자 북한의 맏언니 격인 리분희배두나와 갈등을 빚는다.

실제 인물인 현정화에게 북한 리분희는 탁구 최강 중국과의 대결에 앞서 통과해야 하는 어려운 관문이었다. 한마디로 남북 대결의 구도 아래서 현정화에게 리분희는 숙적이었다. 1984년 세계무대에 혜성같이 등장한 북한 리분희는 데뷔 이후 한국 선수를 상대로 16연승을 구가하며 '한국 탁구 킬러'라는 별명을 얻었고, 1980년대 말 세계 랭킹 3위에 오른 에이스 중의 에이스였다.

영화 속에서 리분희와 현정화를 비롯한 남북한 선수들은 'KOREA'라는 커다란 민족적 대의를 입었지만 서로 다른 체제에 길들여 살아왔기에 좌충우돌의 시간을 겪는다. 상호 이질적인 탁구 용어, 훈련 방법, 팀 분위기 그리고 주변의 기대 어린 시선까지 받아 가며 낯선 환경에서 한 팀을 이뤄 팀워크를 다져 나가야 했다. 40여 일의 시간을 함께하며 현정화와 리분희는 환상의 짝꿍이 된다.

중국과의 결승전 직전 남북 단일 코리아팀의 이은일 코치박철민는 선수들에게 다음과 같은 당부를 한다.

그래. 이게 바로 우리의 현실이야. 갈라지고 나누어진 땅에 각자 따로 살면서 탁구대에서 서로를 적으로 마주 보아야 하니까. 많은 사람들이 이 선을 넘고 그래서 같은 곳에 서고 싶어 했는데도 말이다. 그러니 우리가 나란히 서면! 하나가 되면! 그 힘이 얼마나 커지는지를 보여주자. 이 찬란한 순간이 다시 오지 않더라도. 결코 후회하지 않도록 최선을 다해 주기 바란다.

ⓒ 〈코리아〉, 2012

그리고 남북 단일 코리아팀은 여자 복식 결승전에서 세계 탁구의 최
강인 중국을 꺾고 기적을 만든다. 남북이 하나가 되면 세계 최강도 넘
을 수 있다는 가능성을 보여 준 순간이었다.

영화 〈코리아〉는 실제 일어난 사건을 배경으로 했지만 극적 재미를
위해 다소 과장되고 또 불편한 장면이 있는 것도 사실이다. 이 영화는
아무래도 남북 단일 팀이 이룬 쾌거를 민족주의 속에서 호소한다. 그
러다 보니 '착한' 우리 편코리아팀의 단합을 위해 중국 등 상대 팀의 비
열함을 부각하거나, 북한 선수들이 당의 지시에 따라 갑작스레 경기를
중단하려는 부분은 조금 과한 표현이라는 생각이 들기도 한다.

스포츠의 이면, 정치 체제 대결의 장

영화 〈코리아〉에는 스포츠를 통한 남북의 화해와 연합의 의미가 담겨

있다. 하지만 스포츠는 이러한 감동만을 주는 것은 아니다. 정치나 체제의 홍보 수단으로 악용되기도 한다. 스포츠를 정치 선전의 도구로 가장 교묘하게 활용했던 인물은 2차 세계대전의 전범인 독일의 아돌프 히틀러다. 히틀러는 게르만 민족의 우월성을 보이기 위해 헤비급 복싱선수 막스 슈멜링을 이용했으며 1936년 베를린 올림픽을 통해 전체주의 나치 독일을 대외적으로 알리기도 했다. 베를린 올림픽은 우리에게 손기정 선수의 마라톤 금메달로 알려져 있지만 실은 군사 병영화된 독일의 모습을 만천하에 선전포고한 대회로서의 성격이 짙다. 베를린 올림픽 3년 뒤인 1939년 2차 세계대전이 발발하면서 평화의 제전인 올림픽은 12년간 열리지 못한다.

스포츠는 또한 정치적 대리전 역할을 한다. 냉전 시절 미국과 소련현재 러시아의 스포츠 대결은 한마디로 이데올로기의 대리전이기도 했다. 특히 국제대회 결승전에서 미국과 소련이 맞붙을 경우 전 세계의 이목이 집중되었으며 양국은 피할 수 없는 자존심 대결을 벌여야 했다. 또한 중요한 정치, 군사적인 사건이 발생할 때마다 스포츠는 그 의견을 표명하는 장이기도 했다. 1979년 소련이 아프가니스탄을 침공한 직후 미국, 영국 등 서방 세계는 1980년 소련 모스크바 올림픽에 불참했으며 서방 세계의 불참에 대한 보복으로 소련을 비롯한 동구권 국가들은 1984년 미국 LA 올림픽에 불참하기도 했다.

이념이 배어 있는 스포츠 대결은 남북한 사이에서도 비슷하게 일어났다. 1980년대 후반 사회주의권이 붕괴되기 전까지 남북은 체제의 우월성을 나타내기 위해 각축을 벌였다. 정치, 경제, 사회, 문화 등 모든 면에서 상대방을 압도하기 위해 열을 올렸다. 특히 국민들의 관심이

높은 스포츠 부분에서 보이지 않는 전쟁을 치러야 했다. 북한은 1966
년 열린 잉글랜드 월드컵에서 8강에 진출하며 세계를 놀라게 했지만
남한은 북한 축구가 두려워 아예 잉글랜드 월드컵 아시아 예선전에 참
가하지도 않았다. 북한에 패배하는 것 자체가 용납되지 않던 시절이었
다. 이때부터 남한은 북한이 나오는 대회는 아예 기피했다. 1974년 테
헤란 아시안게임에서는 북한과의 대진을 피하려고 다른 나라와의 경
기에서 일부러 진 일도 있었다. 남쪽의 박정희 유신 체제와 북쪽의 김
일성 유일 체제 사이에 적대적 경쟁과 긴장이 최고조에 이르렀던 그
시절 남북의 스포츠는 한마디로 '총성 없는 전쟁'이었다.

1972년 뮌헨 올림픽 사격 종목에서 금메달을 딴 북한의 이호준이
"미제의 털가슴에 총알을 날리는 심정으로 쐈다"고 수상 소감을 말할
정도로 스포츠는 이념의 시녀 역할을 하고 있었다. 흔히 스포츠에는
국경이 없다고 하지만 분명 이념의 장벽은 존재했다. 열려 있는 그라
운드에서 남북한 선수들은 마음을 닫고 이기기 위한 투쟁을 해야 했
다. 자의 반 타의 반으로 말이다. 이기는 것이 곧 애국이요 상대에 대한
우월을 의미했다. 그렇다면 그때 그 현장에 있었던 선수들은 지금 어
떤 생각을 하고 있을까?

역사의 한 페이지를 기억하며

영화 〈코리아〉의 문현성 감독이 남북 탁구 단일 팀을 소재로 영화를
만들기 위해 당시 선수로 뛰었던 현정화 감독에게 찾아갔을 때 현 감
독의 반응은 "왜 이제야 찾아왔느냐?"였다고 한다. 1991년 4월의 이

야기는 사람들이 잊은 추억이었지만 현 감독에는 지워지지 않는 '살아 있는 역사'였다. 현정화 감독은 영화 제작 과정에서 당시의 분위기를 재현하고 영화의 완성도를 높이는 데 노력을 아끼지 않았다. 탁구 경기 장면 연출을 위해 7개월 동안 배우들을 직접 지도하기도 했는데 왼손 전형 북한 에이스 리분희의 리얼리티를 살리기 위해 리분희 역의 배두나에게 왼손 탁구를 가르쳤고, 북한 유순복 역할을 맡은 '왼손잡이' 한예리에게 '오른손 탁구'를 가르쳤다. 현정화 감독은 영화의 기획, 배우 섭외 및 훈련, 홍보까지 자문료, 개런티 없이 무보수를 자청했다. 탁구에 대한 사랑과 남북이 하나 되었던 20여 년 전 일본 지바에서의 감동이 없었다면 불가능했을 일들이다.

스포츠와 문화 교류를 통해 체제 이질감이나 남북 간 군사적 긴장 관계를 극복할 수 있을 것이란 생각을 갖고 있습니다. 각자가 맡은 분야에서 북한 사람들을 자주 만나 소통하고 대화하다 보면 북한 사람들의 마음이 열리고 남북의 마음이 열리면 통일이 가까워질 것입니다.

— 현정화 감독, 2012년 3월 7일

남북이 통일을 약속한 이후 벌어진
국권 침탈의 위기
〈한반도〉

Hanbando
2006년 | 한국 | 감독 강우석 | 각본 김희재, 이효철 | 프로듀서 정선영
출연 조재현, 차인표, 안성기 | 제작 KnJ엔터테인먼트 | 배급 CJ엔터테인먼트

남과 북이 통일을 약속하고 경의선 개통을 추진하지만 일본은 1907년 경의선 운영권을 영구히 넘긴다는 대한제국의 조약을 앞세워 개통식을 무산시킨다. 그리고 일본은 한국에 투자한 모든 자본과 기술을 철수시키겠다며 대한민국 정부를 압박한다. 영화 〈한반도〉는 냉엄한 국제관계의 현실과 이상적인 나라의 구현이라는 상상을 결합하면서 20세기 초 암울했던 과거에서부터 통일 한국, 여명의 그날까지를 대비시킨다. 또한 명성황후의 시해와 고종 황제의 독살 등을 보여 주면서, 백 년 전의 사건이 현재 한반도 주변에서 벌어지고 있는 일들과 궤를 함께한다는 시각으로 접근한다.

영화 〈한반도〉의 배경은 지금으로부터 멀지 않은 미래다. 영화는 남북한 사이에 화해 무드가 무르익어 마침내 남과 북, 그리고 한반도와 대륙을 잇는 경의선 철도가 완전 개통하는 가상의 날에서 시작한다.

경의선이 재개통된 날

경의선 개통식 현장에서 남북의 정상과 양측 인사들은 깃발을 흔들며 들떠 있지만, 세계 각국의 축하사절단과 주한 외교사절들의 빈자리가 싸늘한 분위기를 만든다. 경의선 개통을 앞두고 일본 정부는 경의선 운영권을 영구히 일본에 넘긴다는 대한제국과 일본 사이에 맺어진 1907년의 외교문서를 들이밀며 "경의선 개통을 허할 수 없다"는 메시지를 전해 온다. 그러면서 일본은 한국이 이를 무시한다면 157조 원의 차관을 빌려 주지 않고, 한국에 제공한 첨단 기술을 회수하겠다고 협박한다.

이 사태에 대해 미국과 중국은 일본 편을 들고, 한국 내 정치리더십은 현실론 대 이상론이 극명하게 대립한다. 일본의 존재가 절대적이라고 믿는 현실론을 대표하는 총리문성근는 이를 수긍해야 한다고 역설한다. 그리고 이상적인 나라를 꿈꾸며 국가적 자존심을 중요하게 생각하는 대통령안성기은 한일합방의 무효성을 연구해 온 국사학자 최민재조재현에게 희망을 건다. 정통 역사학계로부터 이단아 취급을 받아 온 역사학자 최민재는 100여 년 전 조약 문서에 찍힌 국새는 고종이 직접 만든 가짜이며, 진짜 국새를 찾는다면 한국과 일본의 근대사가 다시 쓰일 수 있다고 확신한다.

ⓒ 〈한반도〉, 2006

　최민재에게 마지막 희망을 건 대통령은 '국새 발굴 진상규명위원회'
를 구성해 그에게 일임한다. 반면 한일 관계의 불화를 가져올 가짜 국
새 파장을 우려하며 총리는 국정원 서기관 이상현_{차인표}에게 최민재를
저지할 것을 명령한다. 우여곡절 끝에 최민재는 진짜 국새를 찾고 경
의선 소유권에 대해 일본은 한발 물러선다.

냉엄한 현실 속에서

영화 〈한반도〉는 냉엄한 국제관계의 현실과 이상적인 나라의 구현이
라는 상상을 결합하면서 20세기 초 암울했던 과거에서부터 통일 한국,
여명의 그날까지를 대비시킨다. 영화는 명성황후의 시해와 고종 황제
의 독살 등을 보여 주면서, 100년 전의 사건이 현재 한반도 주변에서
벌어지고 있는 일들과 궤를 함께한다는 시각으로 접근한다.

강우석 감독은 좌절했던 100여 년 전의 우리 역사를 강조하면서 왜곡과 분노로 얼룩진 한반도와 동북아시아의 주변 관계에 새로운 관심을 환기시킨다. 100년의 역사와 동아시아의 정세를 아우르는 만큼 영화 〈한반도〉는 큰 스케일에 대범한 이야기를 가졌다. 하지만 과거 역사에 대한 무거운 인식으로 전개되는 영화 속 이야기들은 관객에게 부담스러운 부분도 없지 않다.

영화 〈한반도〉에서 제기된 일본의 경의선 소유권 주장과 같은 가상의 문제처럼 내용과 형식에는 차이가 있겠지만 통일 이후에도 이와 비슷한 일들이 발생할 수 있다. 어쩌면 우리가 예측할 수 없는 가상의 '경의선 소유권'보다도 더 큰 문제들이 때를 기다리고 있는지도 모른다. 통일 문제는 민족의 문제이면서 곧 국제 문제이다. 우리 민족끼리 머리를 맞대고 열심히 통일을 위해 노력해야 하지만 아울러 국제관계를 외면한 통일은 현실적으로 어려운 것이 사실이다.

북한과 미국 사이의 적대 관계, 점점 심해지는 북한의 중국 의존은 통일 과정에서 넘어야 할 험준한 산맥들이다. 한반도의 이해관계국 일본과 러시아에도 통일에 대한 긍정적인 이미지를 심어 주기 위해서 적지 않는 노력들이 필요하다. 그리고 한국은 통일의 주체로서 큰 그림을 그리고 이를 조정해야 하는 막중한 책임을 갖고 있다.

실제 통일이 이뤄졌을 때는 북한과 중국 사이에 맺어진 경제 관련 협약들로 인해 통일 코리아의 미래 자원이 상당 부분 잠식당할 가능성이 크다. 공식적으로 집계되지 않았지만, 1990년대 중반 이후 북한이 극심한 경제난에 처하면서 중국의 경제적 지원을 받는 대신 북한 내 자원 개발과 사회간접자본 부설권을 중국에 넘겨주었다는 보도들을 심심치 않게 들을 수 있다. 구체적인 지역과 사업 내용에 대해 보도된 것들도 있지만 실은 우리가 잘 모르는 북한과 중국과의 협약은 더 많을 것이라는 것의 전문가의 견해다. 이미 북한 땅에서는 중국 업체들이 북한의 지하자원을 개발하거나 각종 시설들을 만들어 경제적 이득을 취하고 있거나 취할 예정에 있다.

만약 통일이 될 경우 이러한 문제에 대한 처리는 북한과 중국 사이의 기존 계약이 존속되는 쪽으로 결론이 날 가능성이 높다. 중국이 북한의 특정 자원에 대해 50년간의 채굴권을 얻었다고 했을 경우, 남북한이 50년 이내 통일을 해도 중국은 50년간의 채굴권을 보장받는다. 우리가 알게 모르게 통일 코리아의 미래 자원들이 하나둘씩 다른 이의 손으로 넘어가고 있다.

그럼에도 불구하고 희망의 미래를

영화 〈한반도〉에서 일본의 갑작스러운 경의선 소유권 주장은 결국 대한제국과 일본 사이에 체결된 외교 문서에 사용된 국새가 가짜임이 판명되면서 무위로 끝난다. 해피엔딩인 것 같지만 이는 앞으로 대한민국에 닥칠 험난한 미래의 폭풍 전야일 것을 암시하며 막을 내린다.

영화 〈한반도〉는 민족 자존, 동북아 국제관계, 통일과 같은 질문에 해답을 주지 않는다. 오히려 강대국을 비난하고 일본의 논리를 옹호하는 이를 응징하려 하는 아주 단순한 감정을 노리고 이야기를 전개한다. 이는 현실 세계에서 생존하고 번영하기 위한 방법들과 상당히 거리가 있다. 하지만 '우리는 한 번도 이 땅의 주인인 적이 없었다!'라는

ⓒ 〈한반도〉, 2006

영화 〈한반도〉의 광고 카피를 기억해야 한다. 영화의 카피처럼 마음대로 통일을 앞당길 수도, 기뻐할 수도 없는 현실에 우리는 살고 있다.

그럼에도 불구하고 우리는 과거 선배들의 도전과 아픔을 다시 한 번 되새겨야 한다. 우리는 지금 역사 앞에 또 다른 과제들을 안고 있다. 신자유주의가 본이 되는 세계화 시대를 살아가고 있고 우리 사회는 점점 다문화돼 가고 있다. 남한은 성공한 국가 발전의 모델이고 북한은 유일무이한 사회주의 3대 세습이 이루어진 파탄한 국가의 모델이다. 우리가 어떻게 한발 한발 장애물을 극복하고 나아가느냐에 따라 나라의 운명이 바뀔 수 있다. 그것이 지금 우리 앞에 놓인 역사적인 과제다. '우리는 한 번도 이 땅의 주인인 적이 없었다!'라는 문구는 그냥 영화 속의 울림으로 끝을 맺게 하자.

한 편의 노래처럼, 한 편의 영화처럼

통일 하면 떠오르는 노래는 '우리의 소원'이다. 원래 이 노래가 처음 만들어졌을 때 제목은 '우리의 소원은 독립'이었다고 한다. 당시 가사는 "우리의 소원은 독립, 꿈에도 소원은 독립"으로 돼 있었다. 독립을 주제로 한 노래였는데 통일을 염원하는 내용으로 가사가 바뀌어 수십 년간 통일을 주제로 한 대표적인 노래가 되었다.

　이 노래가 만들어진 배경은 이렇다. 해방 2년 후 1947년, 당시 서울 중앙방송국KBS 전신은 삼일절을 기념해 어린이 프로그램에 방송할 특집 노래극을 기획했다. 프로그램 담당이었던 배준화는 친구 안병원을 찾아가 노래극에 대한 자신의 구상을 밝히고 그것을 구체화할 방안에 대한 의견을 구했다. 안병원은 당시 이름 있는 문인이며 영화감독이자 신문에 삽화를 그리는 화가였던 부친께 노래극의 대본을 간청했다. 그래서 '독립의 날'이라는 25분짜리 노래극 대본이 나왔다.

'독립의 날' 노래극 가운데 주제곡이 '우리의 소원은 독립'이었다. 작곡은 안병원이 맡기로 했다. 당시 서울대 음대 학생이었던 안병원은 친구 아버님이 목사님으로 있던 명륜중앙교회에서 밤낮으로 풍금을 두들기며 작곡에 몰두했다. 그렇게 만들어진 이 노래는 그해 2월 28일 종로 YMCA에서 열린 '삼일운동 기념 아동 음악회'에서 처음 불렸다. 그리고 훗날 노랫말이 '독립'에서 '통일'로 바뀌었고 제목도 '우리의 소원'이 되었다. 그 뒤 이 노래는 남한을 중심으로 꾸준히 불렸고 1980년대 후반 북한에 전해지면서 북에서도 자주 불리는 통일 노래가 되었다. 이제 통일을 염원하는 이들에게 이 노래는 신념과 가치의 표현이 되었다.

사람들에게 사랑받은 예술 작품에는 만든 이의 진정성 담긴 이야기가 있다. '우리의 소원'은 독립된 나라를 꿈꾸는 젊은 방송인과 예술인이 만든 소망의 노래였다. 예술의 한 부분인 영화에서도 분단의 현실을 고민하고 통일을 꿈꾼 이들의 고민들이 담긴 작품들이 관객들의 많은 사랑을 받아 왔다.

그렇다면 지금 우리는 어떤 통일 영화에 대한 꿈을 꿔야 할까? 한국 전쟁, 간첩을 다룬 소재도 의미가 있겠지만 남북이 서로를 이해하고 함께 만들어 나가야 할 미래를 담아야 하지 않을까? 또 지나온 세월 남북 간에 놓인 장벽을 넘기 위해 고민하고 실천했던 사람들의 이야기를 다루어야 하지 않을까? 또한 북한의 실상을 제대로 알리는 영화들이 계속 나와야 하지 않을까? 새로 만들어질 통일 영화는 좋은 콘텐츠가 될 수 있으며, 우리 사회에 통일에 대한 생각과 논의를 한층 더 증진시킬 수 있는 계기를 만들 것이다. 물론 현실의 남북관계와 통일 준비는 녹록하지 않지만 말이다. 마치 영화 〈시네마 천국〉에서 알프레도 아저씨가 토토에게 이렇게 이야기한 것처럼 말이다.

인생은 네가 본 영화와는 달라. 인생이 훨씬 힘들지.